序

　　2020年11月，中国银保监会发布《保险代理人监管规定》，首次提出了"独立个人保险代理人"概念，表明市场发展趋势和监管引领方向。2020年12月23日，银保监会发布《中国银保监会办公厅关于发展独立个人保险代理人有关事项的通知》（以下简称《通知》）。

　　《通知》在第一条、第二条中强调和突出独立个人保险代理人独立自主开展业务，可直接按照其所代理销售的保险费计提佣金。这一点也成为我国独立保险代理人与传统的团队型个人保险代理人之间最大的"分水岭"。在传统模式下，团队型个人保险代理人的组织结构呈"金字塔"模式，个人保险代理人除从自身代理销售的保险费中计提抽成以外，还可从下线的佣金中抽成或收取其他管理佣金收益。而根据《通知》的上述规定可知，独立个人保险代理人在开展保险销售业务时，不归属于任何团队，也不存在上下线的层级设置，亦不得发展保险营销团队。相对地，独立个人保险代理人在其佣金收入方面，也仅可按照其代理销售的保险费计提佣金。

　　《通知》的出台对规范独立个人保险代理人业务、促进行业高质量转型、服务社会民生等方面，有着积极作用和深远意义。一是独立个人保险代理人独立展业、自主创业，符合中央"放管服"改革精神，有助于行业落实国家"大众创业，万众创新"及稳就业保就业工作部署。二是保险业以独立个人保险代理人模式，吸引鼓励保险从业人员扎根城市社区、县域和乡镇提供专业化保险服务，能够解决一部分人的就业需求，促进社会民生发展。三是独立个人保险代理人模式有助于提高保险销售人员的稳定性及专业保险服务水平，有助于提升保险公司的效益及合规意识，改善行业形象，促进行业高质量转型发展。

独立个人保险代理人制度的建立，是我国保险业深化改革开放的创新之举，是国内保险市场不断完善、同国际保险市场接轨的必然要求，是落实"大众创业，万众创新"部署，促进社会民生发展，保持保险代理体系稳定健康发展的关键举措，有利于形成更加专业化、职业化和稳定化的保险销售队伍；有利于消除传统代理人的组织层级，改革利益分配机制与考核机制，从而提高队伍稳定性、提升队伍素质；有利于满足居民生活品质提高和风险保障意识增强的保险消费需求；有利于降低保险公司的营销成本和管理负担，更好地服务于消费者。

虽然《通知》中在多方面强调独立个人保险代理人可独立展业，但我国现阶段市场中的独立个人保险代理人依旧不是完全独立的一方主体，其仍与保险公司之间存在一定"依附性"。而在英美等国的发达保险市场中，独立个人保险代理人则相当独立，独立个人保险代理人与保险公司之间的地位类似于代理商和供应商，其在为客户选择保险产品时便可更加灵活自由，根据客户的实际需求向其推荐合适的保险产品。

　　不过，建立真正意义上的独立个人保险代理人制度尚需时日。独立个人保险代理人制度是源自美国等国的发达保险市场的"舶来品"。在美国，目前保险代理人规模为34万人，其中独立代理人19万人，占比56%，保险市场份额占比49%，均高于专属代理人。成熟保险市场的这一"独立"含义完整地体现在两方面：一是自主展业，没有层级关系；二是可代理多家保险公司业务。从银保监会的《通知》来看，现行的独立个人保险代理人制度实现的"独立"更多的是第一个层面上的，即代理人自主独立开展销售，辅助非销售人员不得超过3人，同时杜绝层级利益。在第二个层面上，"独立"的意义是有限制的，即只能销售签订代理合同的保险公司产品，如想代理多家公司产品，需选择有兼营资质的保险公司，且与自身代理业务不能存在直接竞争关系等。这种限制与我国独立个人保险代理人尚处初启阶段相关，从长期来看，最终势必会放开多家保险公司业务代理权。

　　《巨大的蓝海：中国独立保险代理人》这本书，对中国独立个人保险代理人制度，从理论到实践，从国内到国外，从历史到现在都进行了较为深入的比较与研究，尤其难能可贵的是国福家庭保险销售服务公司及创始人，即本书作者之一童树德先生，耗资几千万元，耗时十几年，在全国几十个省进行了上百次（准）独代店试点，初步形成了国内独立个人保险代理人发展的理论依据、商业模式与实践形式及其宝贵的实践经验，虽然其中有不少需待商榷与完善之处，但仍值得所有想成为独立个人保险代理人与关心独立个人保险代理人事业的人学习和参考。

中国保险行业经过四十多年的发展，保险客户已经从关心"交钱为主"的时代，开始转向关心"领钱为主"的时代；保险行业已经从"以销售为中心"的时代，正在转向"以服务为中心"的时代。长期来看，保险代理制度从"以个人保险代理人为主"的时代，转向大力发展"独立个人保险代理人"的时代，或将是未来的趋势所在。

独立个人保险代理人制度，有助于满足人们对保险保障生活日益美好的向往。

个人保险代理人主要使命是进行客户开拓，负责解除客户顾虑，制订保险方案，选择保险产品，即负责让客户投保"交钱"等售前和售中服务，而不负责也没有能力负责保险售后服务，即客户发生保险责任时需要的给付"领钱"服务。

"投保容易理赔难"由此产生，成为保险业长期存在的一个难题。客户之所以感觉投保容易，那是因为有个人保险代理人协助其完成。为什么客户感觉理赔难呢？由于保险产品的复杂性和专业性，在没有人协助客户的情况下，购买保险产品以及理赔时客户都会感觉比较困难。如果有人协助，理赔也就变得比较容易了。

独立个人保险代理人，可以提供制订保险规划、风险决策咨询和风险管理方案、综合需求解决方案等一揽子服务，可以为客户提供保险售后服务，以解除客户后顾之忧为使命，可从制度上根除"投保容易理赔难"问题。这既是保险行业发展的基本规律，也是许多保险业

巨大的蓝海

中国独立保险代理人

童树德 郑凯艺 著

Independent
Insurance Agent in China

中国出版集团 东方出版中心

发达的国家或地区的普遍做法。

有道是"保险行业的声誉是赔出来的",说的就是"交钱"是客户的"必须","领钱"是客户的"刚需",保险行业不仅要满足客户的"刚需",而且还要在满足"刚需"的过程中,让客户心里有种愉悦的感觉,即有"温度"的服务,这才是保险行业的价值所在,这才是保险行业可持续发展的真谛所在。

独立个人保险代理人制度,有助于提高保险行业效率。

独立个人保险代理人较之个人保险代理人,其人数会大幅减少,其素质会大幅提高,其产能会成倍增长。独立个人保险代理人的组织形式是一个个企业,其主体是一个个企业家,其追求的是一项项事业。从个人到企业是组织形式进步,从打工者到企业家是激励机制提升,从赚钱到事业是精神和理想升华。

这意味着,过去是"失业者"卖保险,现在是"创业者"卖保险;失业者消耗资源,创业者创造资源、倍增资源。

一个行业的发展快慢在于其吸引社会资源的能力大小;其资源吸引的能力大小本质上要看其制度优劣。独立个人保险代理人制度是一个独特的创业制度,也是新时代保险这个朝阳行业新的创业制度,一定会吸引更多"大众创业"者进入。可以肯定的是,中国独立个人保险代理人制度的兴起之日,将是全社会大量人才、资本、资源、科技等生产要素再次汇聚保险行业之时。

独立个人保险代理人相对于小型保险代理公司,是社区型金融保险企业，是客户身边的终身服务者，他们在建立家庭保险保障服务体系的同时，也为各行各业打通了服务家庭的"最后一公里"，有助于促进保险销售的多渠道、少环节、"扁平化"。因此，中国独立保险代理人有着广阔市场前景，有着美好事业未来。

独立个人保险代理人制度，有助于促进保险行业高质量发展。

独立个人保险代理人制度，有助于促进保险市场主体多元化，助推保险公司和其他形式的保险代理机构改革创新，发挥"鲶鱼效应"。

流通渠道不畅、服务质量不高、产品差异化不大是当前制约保险行业高质量发展的"三大"顽症。

独立个人保险代理人以其特殊的市场地位，为每家保险公司每项保险产品提供一个公平的市场竞争服务环境；独立个人保险代理人以其贴近客户的优势，准确反映客户需求，促进保险产品的创新发展；独立个人保险代理人以其专业服务的定位和服务销售型商业模式，大幅度提高客户服务质量。

本人欣然作序，唯愿中国独立个人保险代理人制度能让所有家庭、所有保户、所有人对保险行业的服务更加满意。

中国社会科学院保险与经济发展研究中心主任

中国保险学会副会长（兼）

郭金龙

2022 年 8 月 31 日

前言

用歌声与激情燃烧的"个代"轻轻告别

这是一个时代的结束，一次人生的洗礼，一次行业的革新，一次社会的进步。它让千万人改行，让亿万人投保；它做成了常人难做成的事，成就了他人难成的辉煌。这个时代就是个人保险代理人时代，这群人就是个人保险代理人。

中国保险业2021年度实现的原保费收入是4.5万亿元，而1992年实行个人代理人制度以后的1994年全国保险费收入为376亿元（摘自《中国商务年鉴》），足足增长了119倍；2021年保险深度是4.11%，1994年是0.77%；2021年保险密度是3 327元，1994年是31.55元。从1992年算起，按照每年70%的人员淘汰率，30年间累计有近亿人做过个人保险代理人，按照一个人一天拜访一人算，中国人均接受了26次以上个人代理人的宣传和介绍，国人的保险意识也因此提高，保费规模现在已经是世界第二，按照这个速度成为世界第一保险大国也为期不远。

中国保险业从无到有，从小到大，是最先改革开放的行业。发生了那么大的变化，我们首先看到的应当是中国社会主义制度的巨大优越性，当然，这不仅得益于中国经济的快速发展和人民生活水平的大幅提高，而且也是科学技术和社会文化进步的结果，同时更离不开千百万中国个人保险代理人的奋斗。

时光荏苒，物是人非。如果你已经记不起这些奋斗者的姓名，想不起他们奋斗的身影，概括不出他们奋斗的动力与原因，但是，如果你是中国第一代个人保险代理人（2000 年以前的），你是推销过保险的人，那么你就一定不会忘记支撑这一代人前行、展示他们成长、见证他们成熟的歌声。

第一首歌，《我的未来不是梦》——

　　你是不是像我在太阳下低头

　　流着汗水默默辛苦地工作

　　你是不是像我就算受了冷漠

　　也不放弃自己想要的生活

　　你是不是像我整天忙着追求

　　追求一种意想不到的温柔

　　你是不是像我曾经茫然失措

　　一次一次徘徊在十字街头

　　因为我不在乎别人怎么说

　　我从来没有忘记我

　　对自己的承诺

　　对爱的执着

我知道我的未来不是梦

我认真地过每一分钟

我的未来不是梦

我的心跟着希望在动

我的未来不是梦

我认真地过每一分钟

我的未来不是梦

我的心跟着希望在动

跟着希望在动

……

歌词看上去有些遥远，但它的每一句话、每一个词、每一段节奏都是支撑那一代人前行的力量。

我国第一代个人保险代理人的层次还是比较高的，有行政干部，有大专院校的老师，也有国有企业的职工等，他们选择这个行业并非为了金钱，更多的是为了这项事业而来。根据某地行业协会的数据，"个人代理人从业的目的"这一项中有60%以上的人更看重的是事业。

某经理曾是县长的秘书，县长升任县委书记之后原本他也可以继续跟着，这是许多人都羡慕的岗位，但是他毅然辞去了这个职位，选择了保险行业。当时他身边95%的人都持反对态度。但是他心里清楚，市场经济就是风险经济，风险经济就是保障经济，在中国从计划经济向市场经济过渡的阶段，按照社会三大体系理论：宏观决策指挥体系、微观生产经营体系、保险保障体系这三分理论体系来看，中国在这个阶段最薄弱的就是保险保障体系。因此，他认定保险保障经济是应市场需求而产生，随市场经济的发展而发展，一定会成为一个重要的行业。他预感到保险行业是一个朝阳行业，是值得千百万人为之奋斗的行业，是社会发展所必需的行业。虽然那时很多人对保险行业还知之甚少，但他已经看到了这个行业的前景。

其实这一代保险人大多都有此想法。他们从发展人员、购置网点用具开始，自费投入了许多来发展公司。当时公务员工资大概是600多元钱一个月，后来他当了县级公司的经理，因为没有牌照，每个月给自己发100元的工资，并由此开始了自己的创业过程。

他们之中很多从更高的职位上来的人都只是拿着一张纸一个牌子就去招兵买马，就这样开始了一个行业。中国地县一级的保险业务占全国业务的70%以上，前期费用都是负责人自己投入，有了业务以后才可以结算费用，完全用自己的投入去开辟一个又一个市场。他们的心每天跟着希望在动。

保险行业一步步受到社会、政府、国家的重视，每年都有新的变化，常常听说的"国有企业不保险，你保险公司还能保险吗"这种说法现在不攻自破了，因为保险是专业化的行业，需要将其作为一个独立的行业来看待。这首《我的未来不是梦》正是体现了个人代理人的志存高远。

第二首歌，虽然已经忘记了歌名，但依稀记得有一句歌词是"有时失败的英雄更让人敬仰"，这句歌词支撑着一代保险人战胜心理压力、实现自我激励的决心。

所谓"通则不痛，痛则不通"，保险业的确是一个很"痛"的行业，是与拒绝打交道的行业。保险人需要一种慰藉，需要一种解脱，需要给自己一个理由。当他们在经历过无数次这样的痛苦后，这首歌告诉他们不要怕失败，它的激励性真的很强。

当时手机尚未普及，更不要谈微信，凡是卖过保险、拜访过客户的人全是依靠挨家挨户敲门来进行推销的。那时已经有防盗门了，保险人最怕的就是防盗门，因为即便你在外面敲门敲得很大声，里面的人也不容易听见。有天晚上这位经理去拜访一位残疾人，明明家里灯是亮的，可门就是敲不开。好在这家人住在一楼，他没有办法只好去找砖头垫在窗户下，踩上去敲了窗户才把他家门敲开，但即便敲开了门，还是被对方拒绝了。在这行业一路走来已经不知有多少次被人拒绝，但每次只要唱起这首歌，心中便又充满了勇气。像这样的事例实在太多了。

有个业务员去超市向一家有小孩的客户推销保险，在介绍险种的时候无意间假设"当孩子生病时""若孩子不幸死亡"等会有什么保障，结果引发了客户的抵触心理，拿出大棍子边赶边骂道：你这个人是乌鸦嘴，若是我孩子真出什么事我一定饶不了你。

业务员回来之后和同事、家人说了这件事，她哭了，家人哭了，大家都哭了。她问自己，你为什么要做这件事（从事保险业）呢？

业务员转念一想，我不做这种事谁来做呢？不能沉浸在过去迷信的意识里，市场经济之下要客观地面对风险，虽然不是所有人都能做到，也不是所有人都能在第一时间做到，但一定要有人去改变人们的观念，让人们去客观地面对风险，而有更好的防范与承担风险的意识和措施。

从宏观上来看，保险业的确是一个艰难的行业，淘汰的人很多，也证实了这是一个从事难度很高的行业。但无论从事了多久，那个年代的保险人都不会忘记这首代表着独立保险人百炼成钢的歌曲。

第三首歌，见证了个人保险人的心路历程，"拒绝我千次不厌倦，拒绝的感觉像春天"。

经过磨炼后的许多个人代理人都是担当重任的，苦难可以造就英雄。现在保险公司的很多高管也是从业务员做起，一步一步成长成熟起来的，他们已经习惯了客户的拒绝，当他们再次面对客户的拒绝时已经不会再感到反感，而是把这些视为提升自己能力的机会、学习的机会、成长的机会。他们每次都在思考积累了何种知识、下一次要如何和客户沟通，学会了在挫折和拒绝中成长进步。

这样的事例也是很多的。其中一些人已经成为推动行业的干部，还有一些坚守在一线，他们都十分勤奋坚强，逐步改变着保险人在人们心中的形象。

离开保险业的人也在各行各业大放光彩。很多行业有个不成文的规定，就是问你有没有从事保险业的经历。因为这些行业的人认为一个人从事过保险业的话，便不再容易被其他东西打败，也就能胜任社会上绝大多数的岗位。人们往往并不是为了金钱而奋斗，虽然确实有很多收入，但更重要的是这个行业给我们带来的精神价值和对社会的贡献，这是一份无形的资产。

他们在工作中的所得所学会让他们更加善于处理人际关系，因而家庭和睦。有一个家庭，男主人是财政局的干部，夫妻两人之间曾经有摩擦。妻子在成为保险业务员之后，在工作中改变了自己的思想，从而也改变了和家人相处的方式方法，学会了让步，她的家庭关系因此就变得很好了。为什么会发生这种变化呢？一方面是因为妻子的收入成倍地增长，家里的一栋新房子和电器等都是用妻子这些年的收入购置的；另一方面是她与家人之间原本有思想上的差异，经过工作上的锻炼她变得更加包容。

许多个人保险代理人子女的教育也很好。他们在分享时总会说这是"身教胜于言教"的原因。他们获得了家人的敬重，可见保险改变了一个人、一个家庭，甚至几代人。这些歌声记录着他们一步步的成长成熟，为社会、为他人、为自己作出越来越大的贡献。

目 录

第一章

从"个代"到"独代"的 一般规律

当我们翻开世界保险业发展的历史篇章，当我们追寻各国各地或成熟或新兴的保险市场形成与发展的足迹，当我们比较各国各地保险营销制度的发生、发展、变化和变更，我们可以看到不同国家、不同地区保险业的发展都毫无例外地走过了相似的道路，经历着相同的过程，遵循着一般的规律。这个规律便是：先有个人保险代理人制度（简称"个代"），后有独立保险代理人制度（简称"独代"）。

两种制度既有区别又有联系，它们的关系就像是同一赛场中的两位接力队员一样，前一棒是个人保险代理人，接棒的是独立保险代理人，前仆后继，共同推动着各国各地保险事业，尤其是个人寿险事业的发展。

举例来说，美国便是如此。

美国保险业先发展出了个人保险代理人制度，而后发展出了独立保险代理人制度，它的特点是，当独立代理人制度诞生时，个人代理人制度也依旧在实行，呈现出双轨制并行型。保险销售从业人员既可以选择独立保险代理人制度行事，也可以选择个人保险代理人制度行事，相互之间亦可以转换，但不兼容，因为两者的性质与要求不同。

现今美国的保险代理人约有34万，其中个人保险代理人有15万，独立保险代理人有19万，90%的市场份额都是通过独立保险代理人来实现的。独立保险代理人从总量到市场份额都远远超过个人保险代理人。美国保险业经过100多年的发展，独立保险代理人成为市场主流源自市场的选择。

再来看澳大利亚也是如此。

澳大利亚的保险业，也同样是先发展出个人保险代理人制度。但它与美国保险业不同的是，在有了独立保险代理人制度后，就没有个人保险代理人制度了。澳大利亚的保险业至今有150余年的历史，其中个人寿险业务有50多年的历史。前20年实行的是个人保险代理人制度，个人保险代理人最多时有3万多人，在同期澳大利亚不到2 500万的总人口中，占据了很高比例，从这一点上来看类似于如今的中国保险业，采用的是人海战术。后30年实行的是独立个人保险代理人制度，全国有6 000多家专业代理公司，一直延续至今。独立代理人占社会总代理人数不到20%。那么这6 000多家公司是什么性质的机构呢？实际上是6 000多个独立代理人，每一个独立代理人都是一个微型的独立代理公司，都要到监管部门领取许可证，都要到工商行政部门办理营业执照。

中国也不例外。1979年4月恢复国内保险业务，1992年9月实行个人保险代理人制度，2020年12月推出独立保险代理人制度。中国独立保险代理人制度的推出比世界上其他国家和地区晚了10年，但是依旧遵循了市场的发展规律。

由此可见，先有个人保险代理人，后有独立保险代理人；用独立保险代理人制度取代个人保险代理人制度这一规律与国家、地区的经济发展水平、社会文化程度及种族宗教信仰都没有太大关系，而是由保险行业发展阶段中的特殊情况及每种特殊情况下的各种因素决定的。

一、上半场"个代"不断壮大，助推保险业高速发展

从生产力决定生产关系、经济基础决定上层建筑的辩证唯物主义的观点看，社会制度的进步与更替是由经济规律决定的，独立代理人制度取代个人代理人制度则是由市场规律决定的。

个人代理人制度的形成由三个因素所决定：第一，由行业特性所决定；第二，由保险从业人员的属性所决定；第三，由当时制度的效率所决定。一种制度会代替另一种制度的原因必定是后者比前者拥有更高的生产力。

（一）保险行业本身的特性

首先，从保险行业的历史来看，风险自古存在，人们防范风险的方式也自古存在，但那时人们将风险视作人生必然，依靠家庭、朋友、

四邻八舍或社会救济来共同承担风险，人们没有将风险转移至社会化解的意识。当社会步入商品经济阶段，尤其是市场经济出现后，风险就变为了一种可以交易的商品，将风险当作一种产品出售，保险行业就此诞生。

在中国，发展保险业比其他国家更难，因为中国是从计划经济走向市场经济的，计划经济是什么呢？是国家经济，所有的风险都由国家承担。所以最开始我们推销保险的时候最经常遇到的两句话是我们无法解决的："我的所有风险都由国家解决，如果我的风险国家都不能解决，能由你公司解决吗？"因此，在那个时代推销保险十分艰难，当时保险业被称为"最难经营的事业"——要把你的思想装进别人的脑袋，也要把别人的钱装进你的荷包。因此，保险业销售并不是产品的销售，而是一种理念的传输、一种现代人生活方式的建设，它所改变的是人们的思想与观念，而不仅仅是卖产品。因此，在那个年代，人们从没有保险意识到具有保险意识，由国家保险到自己购买保险，要想大面积改变人们的观念几乎是不可能的。

其次，是保险产品的性质问题。我们看到保险产品确实与其他所有行业的产品有着截然不同的三大特点：第一，其他所有行业的产品都是人们要使用时才会购买，而保险产品则需要在没用到前购买；第二，所有其他行业的产品人们都是看过、用过后才会相信，而保险产品则需要客户相信才会购买；第三，所有其他行业的产品都是先有使用价值才会付钱，比如吃饭就是先吃后付钱，但保险产品是先付账后享受,也就是先有购买价值后有使用价值,也可能没有使用价值。

原先卖车辆保险时,人们经常询问道:"我要是没有出现风险,我钱不是白交了吗? 你说我把钱交了,有风险就赔,没有风险就不赔;若是我运气好没有风险,那不就打水漂了吗?"但现在人们的思想已经与以前不同了,现在购买保险的人希望自己没有风险,希望将所交的钱用于弥补其他人的风险。但实现这个思想的转换是需要时间的,因为上面每一个问题都是常识性问题。什么是常识? 就是人们在日常生活中经过无数次实践证明正确的东西,是不可违背、不能违反的东西,是大家的共识,是祖祖辈辈流传下来的经验之谈。但正因为是"常识",所以改变它是件很难的事。

最后,是行业规模难以达到的问题。保险业遵从着大数法则,若是没有一定的量则无法发展,规模越大,抗风险能力越强。这两者形成了一种矛盾,是当时保险业面临的困难。

如何解决这个问题呢? 我们不得不佩服保险业先驱们的智慧与创新。他们在经历了无数次的失败后终于发现了一种创新:叫人来买保险很难,但让他们去卖保险易如反掌。假设当时招保险代理人50人,报名时会有约150人,而且很多是有学历、有能力,甚至有背景有关系的人,保险公司招业务员会被认为是金融行业招干部员工,所以当时往往要找关系托人情才能进入保险行业卖保险。若是按照这个逻辑,人们不愿意买保险却愿意卖保险,那么我们只要设个门槛,让员工入行之前先要买保险即可。也就是说,将这种现象变成制度进而循环往复以致无穷，便可以将保险推广开来。

（二）保险销售的过程，同时也是培训的过程

个人代理人制度的诞生受到了产品属性的影响，除此之外，人员属性带来的影响也十分重要。

无论在哪个国家的近代发展中，保险都是一个全新的行业，人们对它并不了解，且保险"不用先买"等三条产品属性违背了人们的常识，加之当时的客户人群大多并不具备保险意识，因此很难推动行业的发展，也无法将其他成熟行业"用时再买"的经验应用其中。

保险销售的过程也是一个宣传教育的过程，是一个培训的过程，客户作为消费者的时候是不愿意"听课"的；但若是使其转变立场，变成一个销售者，他们就需要了解行业和产品，就会来听讲座接受培训，在这个过程中我们就完成了保险的教育。当人们作为销售者时，保险公司就会对其进行培训，进行教育，介绍这个行业，介绍这个产品，介绍保险的价值，改变他们的观念。新人入职一般培训3至5天，这个过程就使保险销售从"无路可走"变为"有路可走"；抓住人员属性的特点使保险难以销售的难题便迎刃而解，由此可见个人代理人制度的可行性。于是保险业发展的问题从卖保险的问题变成增员、培训的问题。增员，既是增"缘"，也是增"元"。因此，现在卖保险的过程就变成增员的过程，变成培训的过程、教育的过程。

那么怎样进行教育呢？保险人在实践中总结出了一套完整的思

路。在增员来到公司后，我们首先要解决三个问题：第一，"为什么要卖保险"，我们要介绍保险的意义和功用。第二，"怎么卖保险"，我们会介绍一套专业具体的话术流程。人们对于保险一般存在的50到80个问题，培训人员会把这些问题讲清楚，比如"人们不买保险是因为什么？因为不了解这个行业，保险产品属性又与常识相违背"之类，我们把人们不买保险的常见疑问总结为80条，在培训过程中会为学员一一讲解。第三，"卖保险究竟有什么好处"，最大的好处就是我们说的"无本取利"，也就是不用本金就能做生意；其次是"帮助了他人成就了自己"，既让他人拥有了保险自己也获得了收入。这就变成了人缘，人缘也就是财源。我们一般说"人有三十六个关系，也就是三十六条人缘"，这些人缘按指数级发展，一个人有三十六条人缘，那么三十六个人有多少呢？以此来算，这项事业能无限美好地发展下去。这样一算，如此前景便令人精神焕发，感到前途光明。个人代理人制度之下，既不需要本钱，又能使其他人拥有保障，还能赚钱，这项制度更是前景美好可以无限发展。你找到一个人，这个人便有三十六个关系，他可以自己买，给家人买，推荐给朋友买，你再找一个人又有三十六个关系，而教育培训也不是什么很难的事情，于是保险公司开始大量地开展教育培训，因此，卖保险其实就是教育培训的过程，就是增员、培训、淘汰、再增员如此循环的过程。

　　培训的效果很好，因为保险本身是市场经济之下人们的必需品，它不像传销那样把人招来之后和你说些骗人的东西，保险不是骗人的；因此，经过培训之后，99%的人都能正确认识这个行业，都会觉得销售保险不错，都愿意购买保险产品。经过培训的人基本没有不买保险的，培训效果好，说明人是可以通过教育改变想法的。效果好一方面是因为产品本身很好；另一方面是因为它方式好，保险教育可以说是各行各业中效果最好的教育，它会以各种各样的方式，以各种各样生动的案例，使每个人身临其境；第三是因为它有故事可讲，当一个人遇到风险的时候，有保险保障和没有保障的生活是截然不同的。在平常人们也有比较，看到了不同的生活方式，人们所看到的、人们所经历的情况，真的是天壤之别。有时候一个案例就让人感同身受，会为此痛哭流涕或是备受感动。假设你花了2 000元钱买了一个百万医疗，当生病之时就可以来看看是什么状况，比如得了白血病或者需要用100多万元一针的救命药，但却因为没有钱而遗憾地离开了世界，我们此时才感受到保险的意义与伟大。

这种培训的效果很好，实例也很多，有一个人说的例子我觉得是具有典型意义的，他是用笑话的形式说的：保险培训的效果和喝酒的效果是相反的。喝酒是"开始时轻言细语，喝到一半豪言壮语，喝高了胡言乱语，喝到最后无言无语"，也就是说喝酒是把一个清醒的人灌倒；而保险培训是将一个尚不清醒的人变得清醒，它的过程与前者刚好相反，在没接受培训前，对保险并不了解，因此"胡言乱语"，开始培训后"豪言壮语"，经过一段时间培训后"轻言细语"，当培训结束后"无言无语"。为什么会无言无语呢，因为打从心底里佩服这个行业的伟大,也真正后悔自己之前没有买保险:"一旦风险降临到我头上怎么办呢。"也正是由此学员才感觉到社会上那么多人没买保险,自己肩头责任重大,让更多人拥有保险是自己的使命与责任,培训的效果就达成了。

如此一来,个人代理人就拥有了双重属性。他们既是消费者,又是销售者。一批个人代理人中,往往95%的人成了消费者,而5%的人在成为消费者的同时也成了销售者。既是消费者又是销售者的群体,在任何行业这样的人员性质都很特殊。个人保险代理人制度把消费者变成销售者,突破了保险业的发展瓶颈,使保险行业的发展变得"有路可走"。

纵观保险销售培训的过程,可以得出几点:第一,教育是很伟大的,它能改变人们的观点。第二,榜样的力量是无穷的,当你改变了人们的思想后,他们所发挥的作用也是巨大的。所以在保险行业中,卖保险已经不再是一件很难的事情,因为当你换了一种角色后,卖保险就变成了一件容易的事,这就是保险人员属性的奥秘所在。这种人员属性是我们在其他任何行业也找不到的,且无法这样开展工作,这也说明了个人保险代理人制度的必要性。若是没有这项制度,我们很难想象有何种办法能将这全新的行业、全新的产品推销到对此概念全无的客户面前。第三,制度的效力很高,我们知道任何制度必须有利于生产力的发展,制度的选择是上层建筑,属于生产关系的范畴,个人代理人制度就是适合保险行业的,有利于生产力的提高。没有这个制度的生产力是无法售出那么多保险产品的，也无法在短时间内让那么多人拥有保险，而无法让那么多人在短时间内买保险的话又违背了保险的大数法则。当风险汇聚在一起时它发生的概率是有限的，因此这个行业能正常经营下去，就说明这项制度的产生是市场客观需要的。

（三）个人代理人制度推动行业发展

所谓"实践上升到制度，制度推动行业发展"。个人代理人制度是人们在日常经营中发现的、一种经营现象上升到社会管理的、获得行业监管部门许可的制度：也就是将个人代理人变成客户，将客户变成代理人。但如果不上升到制度层面，这种销售模式虽然有效，却是不能推行的，因为它很容易与传销相混淆。人员身份的转化是一种社会现象，若要允许其进行，必须要上升到国家允许的制度层面，要形成一种新的制度，国家允许才能进行，所以说个人保险代理人制度是获得国家批准的。

目前每一个发展保险业的国家在最开始时都允许了这个制度，而这一制度在业内被戏称为"基本法"，是一种非常科学的办法，是一种完整的制度，它既有增员要求，又有人员培训过程，还有人员身份的转化这样一套完整的过程，这便是个人保险代理人的基本办法，是一套科学有效的管理办法。这套办法的推广在世界各国都很快，一般情况下20年左右的时间一个全新的行业就会变成一个成熟强大的行业,可见这项制度的效能之高。在我们国家,每一年有多少代理人,就有多大规模。我们现在保险业的各大公司也是一样,你有多少代理人就说明有多大业务规模。我国现在有900多万代理人,90%在业内前五家保险公司——人寿、平安、太平洋、新华、泰康之中,全国的业务规模也基本集中在这几家公司。其中第一大公司中国人寿,它的业务规模占全国的30%以上,业务员人数也占30%以上;平安排名全国第二,它的代理人数量也排第二。两项数据基本上是对等的,也就是说这项制度的效能很高,效果也很直接,仅仅用了20年时间就让一个行业从无到有、从小到大,得到如此快速的发展。

为此,保险行业的投入也是很大的,当年培训的投入约占收入的30%,这些投入包括成立培训部门、请讲师、寻找培训对象、经历培训过程、完成转换过程。尤其是转换过程,它是个督导过程,保险公司后期跟进得很紧,若是新人来到保险公司接受培训之后就走了等于白培训了,所以保险公司内有严格的责任制,也就是培训对象来学习了之后,不买保险的基本上是不存在的。这就是在考验你的灵魂,从没有保险意识到有保险意识,从认识保险的不好到认识保险的好,从不想买到想买,且不仅自己想买还想给周围人买,他逐渐理解了这项事业的伟大,以及为事业付出任何努力都是值得的。所以说保险公司为此也付出了大量的努力。其他行业为了宣传产品会花大量资金做广告、搞折价,以此来实现产品的原始积累;而保险产品则不同,法律规定保险产品不可降价,不可给保险责任之外的任何利益。保险公司使用了30%的收入作为成本，但其他行业的成本远远不止30%，因此，相比之下，保险业的这种经营方式"投入少，产出高；投入少，效益好；投入少，效力高"。

人们对个人代理人制度存在一些非议，认为这种制度如今到了需要改革的时候。并不是说这项制度自身不行，每个行业都有其原始积累的过程，这个过程是根据行业特点来进行的。个人代理人制度从整体上看是一项促进行业生产力发展，促进社会进步的制度，它改变了很多人的生活方式，为市场经济的发展发挥了重要作用。当然我们在评价一件事时一定要看到它的正反两面，任何制度都不是由人们的想象得来，而是根据需要产生的，因此，任何一项制度只要有利于生产力的发展它就是一项好制度，个人代理人制度就是如此，它推进了这个行业，改变了这个行业，解决了这个行业发展过程中所面临的难以解决的问题，它对行业的最大贡献就是改变了人们的观念，扩大了业务范围，让很多人拥有了保险。

个人代理人完成的历史使命是让人们拥有了保险意识也拥有了保险，但仍有一个最大的问题没有解决：保险保障的问题——也就是使用价值的问题。现在绝大多数客户没有享受到保险的使用价值。使用价值是人们最关心的问题，个人代理人解决了行业上的问题，但并没有解决客户最为关心的使用价值，即享受到保险。

总而言之，独立代理人制度代替个人代理人制度的必然在于：个人代理人制度已经完成了它的历史使命但并没有解决保险保障的问题,因此,独立代理人制度应运而生。

二、下半场"独代"粉墨登场,极大提升客户满意度

保险业与客户的联系分为两个阶段：第一个是让客户购买、拥有保险价值的阶段；第二个是维护保单持续有效、实现保险价值的阶段。

我们买的小件产品,比如买了米、肉就可以吃,买的用具可以用；而大件商品,比如买了车就可以开,只是在开车过程中需要保养,但车子本身已经提回来了；我们买了成品房,就可以进去住。但是买了保险之后你只有一张纸,其他什么都没有,只有保险事故发生,保险才能发挥作用。比如说我购买了车辆保险,付过钱后,只有预定的保险风险发生后保险才有使用价值,而若没有发生风险,则没有使用价值。在这个等待的过程中,你需要确保你的保单是有效的,当保险事故发生后,我们需要完成保险合同要求的所有事项才能拿到钱,当我们拿到保险金后才实现了保险的价值,完成了经营的全过程。这个过程中,实现价值无论对客户还是对行业都是最重要的,否则前期投入的钱与精力都会白费,因此,我们不得不重视这个阶段。

前面已经说过个人代理人制度的效力与作用——让很多人拥有了保险,当人们拥有了保险后人们的需求就产生了变化,现在人们关心的已经不是如何买保险,而是如何实现保险的价值。对于客户来

说，实现保险价值比如何购买保险更重要。如果说购买保险是必须，那么如何领钱便是刚需。人可能不买保险，但没有人买了保险以后而不需要保险保障，这是这个行业的价值体现。若是保险不能分散客户的风险，不能补偿客户的损失，不能给客户创造价值，那么行业本身便也没有了价值。而这一切都是在购买保险之后才可知道的，这便是保险业与其他行业的最大区别。其他行业的售后服务指的是当客户拥有了使用价值之后的服务，而在保险业方面说"售后服务"是不准确的，毕竟客户其实还没有拿到使用价值。这个问题对行业对客户而言都是比销售更为重要的环节。

人的认识是一个由实践到理论，再由理论到实践的辩证发展过程。当我们掌握了规律、掌握了理论后，用理论推动实践的发展、社会的进步，这才是最重要的阶段。因此当你拥有保险后就要实现保险价值，保险的价值并不在于拥有保险，而是在拥有保险价值的同时推动人们对保险业的进一步认识，从而促成人们对保险的购买，最终实现保险业的发展。

问题不单单是客户的需求发生了根本性的变化，还在于维护时间长，购买一次保险要维护一生。比如客户购买了终身寿险，他购买了一次之后缴费要缴30年，只要有一年没有缴费，那么他所购买的价值将无法实现。因此，实现购买价值对客户对行业都是刚需，实际上实现难度却很大，是一个长期的过程，是需要多次办理的事。

除此之外，需要完成的内容也很多，如维护保单有效、信息变更、保险事故发生后提供完整资料,以及保险完成后需要选择并办理新的保险,等等。

　　要想实现保险价值也需要更为专业的服务。那么专业程度如何体现呢?并不只是进行培训就完了。家庭对于保险的需求是多样的,需要服务的内容也更多。需要懂得承保的知识、维护保险的知识、理赔的知识,等等。另一方面,保险服务的时效性很强,因此,需要有人及时提供服务。买保险的时候人们都拥有健康的身体,但实现保险价值时那些人往往陷入人生困境、需要帮助,这就更需要体现保险的人文关怀。而经历过事故的家庭与一般的家庭无论是经济条件还是观念都会有所不同,必须要仔细了解情况之后才能推荐合适的产品,更好地服务客户,提升行业水平。可见,完成实现保险价值的这项任务难度很大,目前也没有能够提供这项服务的人。

　　因此,制度上必须作出变化,否则将难以适应行业的发展。为何现在保险的投诉率居高不下,甚至说"买保险容易理赔难",就是因为保险业到了不得不改变的时候。个人代理人制度已经失去了原先应有的价值,通过增员买保险是一个长期的过程,但这种方式已经不适应如今的市场,现在更需要的是以服务带动销售而不是拉人来培训改变观念、购买保险。当时的人们不懂保险,只有看到保险的好才会购买,而如今多数人已经有了保险观念,因此,保险业不再是以销售为中心而是以服务为中心,从改变人们的理念来实现销售变成了让保险产品实现价值来推动销售。人一旦享受过了保险的价值,后期再购买保险就没有什么顾虑了，我们的很多客户都是因为看过保险实现的价值之后才继续选择购买保险。培训、增员、淘汰、个人代理人的角色转换等方式，对于一个消费者已经大量拥有保险的时代而言已经失去了价值。再过20年人们已经熟知这种制度，其方式便难以奏效，原有制度已经难以适应客户的需要。

"独代"较之于"个代"的主要变化：终端企业化、企业社区化、社区服务化、服务专业化、专业系统化、系统平台化、平台高效化。这样一种全新的制度既要有速度也要有温度，才能与实现保险价值这一重要任务相适应。

终端企业化，即变个人为企业。因为实现保险价值所需要做的服务内容更多、时间更长，单人难以完成这个过程，因此需要一个企业来完成。

企业社区化，即企业应该设在社区、设在客户身边。因为保险事故发生的时间是不确定的，情况也是不确定的，人们对此的反应更是不确定的，因此，我们只有在客户身边才能更好地提供服务。比如说个人代理人住在家中与客户相距很远，保险公司总部是在高楼大厦里，服务电话也总是"请拨分机号"，这必然是无法适应保险价值实现的时效性的，保险应当是身边随叫随到的便利服务。

社区服务化，即首要任务是为客户实现保险价值。虽然独立保险代理人也需要销售保险，但其前提、根本是为客户服务，若是主次颠倒则很难生存。为何现在的保险销售越来越难了呢？若是你不关心客户的事情，客户就不关心你的事情。总是叫客户买保险，却不管客户买了保险以后保险价值有没有实现，这样客户拒绝的理由就是"我什么保险都有了"，事实也是如此，而业务员则丝毫没有办法。因此，我们需要记住自己的使命是帮助客户实现保险价值。

服务专业化，即提供客户所需要的量身定制的服务。这些需求并不是通过培训就能达成的，是需要根据客户家庭的需要量身定制的，需要把每一张保单都维护好，实现好每一张保单的价值，把每一个家庭、每一个人的保险保障完善好，这就是服务专业化。

专业系统化，即独立代理人制度需要系统支撑。独立代理人无法完成所有的事，随着现代信息技术的发展我们需要系统来支撑，也就是前端受理后台办理。客户的需求是多种多样的，我们需要借助现代技术来完成服务。

系统平台化，是指需要服务的总量很大。我们粗略算一下，从价值上看，我们说保障类保险中，人身意外保险是缴1元钱保100倍，人们要领到的钱是所缴金额的100倍以上，也就是说现在4万亿元的保费如果全部领取将是400万亿元。财产保险是千分之一，货运保险是万分之一，航空意外保险是十万分之一，保险价值远远大于缴费的价值。

而平台高效化，也就是说独立保险代理人制度将是一个社会化的服务制度，因此，我们需要很多平台来为实现保险价值服务。

独立代理人制度应客户需求而生，能满足客户的所有需要，它是制度模式、组织方式、人员素质、服务方式、服务内容等方方面面的创新，通过这些创新来适应客户不断发展的需要，满足行业的持续发展。

三、"独代"与"个代"结合，价值闭环才能形成

为什么独立代理人制度能解决问题呢？这要从独立代理人制度和个人代理人制度的联系与区别入手来分析，如表1-1所示。

表1-1　个人代理人制度与独立代理人制度比较

序　号	比较项	个人代理人制度	独立代理人制度
1	目的	让客户拥有保险	让客户享用保险
2	对象	保险公司	保险客户
3	性质	销售	服务
4	任务	让客户交钱	帮客户领钱
5	需要	必须	刚需
6	方式	业务员上门找客户	客户上门店找服务员
7	关系	疏远	亲近
8	功能	单一	全面
9	展业	游击战	阵地战
10	范围	无限	社区
11	产品	1家	多家
12	组织	个人	企业
13	许可	工号	证照

续　表

序　号	比较项	个人代理人制度	独立代理人制度
14	投入	个人时间、精力	资本与实力
15	规模	1人	2—3人
16	专业	单一	全面
17	收入	单一	多元
18	成本	时间	多项
19	盈利	佣金	利润
20	期间	短期	长期
21	稳定性	差	好
22	责任	有限	无限
23	阶段	初创	成熟

从表1-1中我们可以看到两者最本质的区别是诞生的时代不同，要达到的目的不同，要实现目的的方式不同，实现目的的主体不同。

所谓时代不同，是说个人保险代理人制度诞生于保险业的初级阶段，独立代理人是保险业发展到一定阶段之后诞生的。也正因为此，它们要达到的目的不同。个人保险代理人的主要目的是普及保险的观念、让更多人拥有保险。而独立代理人的目的是让已经拥有保险的人实现保险价值，并且进一步提高自己的保障水平。

为了实现不同的目的采用了不同的方式方法，甚至过程也有所不同。个人代理人通过教育培训，通过激励将客户变成代理人，把代理人变成客户。通过实现个人代理人数量的增长来实现客户的增长，实现拥有保费的人群的增长。独立代理人要实现保险价值必须要完成主体的变化、地点的变化，要解决稳定性、专业性、系统性等问题。

至于主体，个人保险代理人是自然人，而独立保险代理人是企业，是市场主体，是稳定的在社区发展的企业。

而两者也绝不可割裂开来，它们就是保险业发展的初始开头和发展完善。

个人保险代理人制度完成了让每家每户拥有保险的历史使命，是保险业的开头。而独立保险代理人制度则需要完成实现保险价值并且让这个过程更加高效、持续发展的使命。

如果说将保险业的发展比作树木的一生，那么个人保险代理人的发展就是种树的过程；而独立保险代理人则是培育、浇灌、结果，而后进一步成长最终成为参天大树让全社会拥有保险。个人代理人完成了播种，那么独立代理人就要让其成长、成熟、收获，最终再次播种，生生不息。两者既存在区别又相互联系，都是保险业发展的必须过程，缺一不可。

很多人以为保险是一种半强制性储蓄，也就是若不持续储蓄便会蒙受更多损失，这种认知让客户不得不定期缴费，但这很危险，因为若是不重视这个制度、不建好这个制度，保险业将永远无法发展，即便有所发展也最终会被叫停。

因此，我们得出结论，独立代理人和个人代理人的存在是由行业发展的规律决定的，不因人们的主观意志而改变，我们只能遵循和利用规律，发挥规律的作用，将保险业发展壮大。

第二章

"独代"是先进生产力的代表

世界保险行业发展的一般规律告诉我们，独立保险代理人是满足客户实现保险价值的需要而诞生的一代人；是保险行业里承前启后、开拓创新的一代人；是实力强大、大有作为的一代人；也是完善保险保障服务体系、决胜保险业未来的一代人。

中国的独立保险代理人也必将如此，而且中国独立保险代理人所要实现的使命将更加复杂与重要；中国独立保险代理人这个群体的素质将更高、更具风采；中国独立保险代理人的组织形式将更加符合中国实际、符合中国国情，并具有中国特色。

一、"独代"建成的是一家家微型保险代理公司

独立代理人并不是一个个业务员，也不是一个个团队主管，更不是"既是消费者又是销售者"这样不断变换角色的流动大军。它们是一家家小微型企业，是一家家社区型企业，是一家家服务型企业。

独立代理人是小微型企业。独立代理人是一家家小微型保险代理公司，与注册资金为 2 000 万元的区域性保险代理公司、注册资金

为5 000万元的全国性保险代理公司具有相类似的性质。从宏观上来看，它将是保险业内全新的市场主体，是与专业保险代理机构、兼业保险代理机构、互联网保险机构相提并论的第四大保险销售渠道。

从微观上来看，它将给客户提供保险代理公司所提供的全部服务，并且能完成得更好更及时，深受客户欢迎。它也能满足保险代理公司延伸服务功能、增加服务项目的需求；还能满足保险从业者在保险行业长期发展的期盼和希望。

其实早在15年前就有保险代理人设立过这样的企业，他是一家寿险公司的销售总监，在一家沃尔玛超市周边有1 000多家客户。为了方便这些客户，也为了及时提供更好的服务，当时他自作主张地在超市旁边租下一个门店，聘请了两位员工，开了一家保险服务店——"保险服务部"，就这样在欢天喜地的锣鼓声中开业了，很多市民纷纷点赞，还有不少客户自愿送花送旗送匾，祝愿这种服务网点能够服务到永远。可惜好景不长，很快一封附有图片的举报违规私设保险机构的信件被提交至各级监管部门，最终对这件事的处罚从总公司到省公司到市公司到部门及至个人，处罚越来越严重，这个保险销售总监被认为是"法盲"，从现在看来他其实是一位先驱者。

10年前，有家保险公司想用这种企业形式延伸自己的服务网点。2010年时他们就想到了这类小型保险服务机构的形式，并且去美国、日本等国考察了这种机构的运作方式，制订了公司的发展方案，包括推广、运行方案。但是，这在那个时代还是无法进行，最终胎死腹中。

当时的保险行业只有个人代理人和保险分支机构,没有独立保险代理人制度,也没有这种小型的保险代理企业。如果你是个人代理人,那么就不能开机构,不能卖多家公司的产品;而如果你是分支机构,那么就需要按照分支机构的方式报批,要承担责任,如此一来保险公司就会因发展风险巨大而裹足不前。分支机构这种形式,门店负责人也不愿意办,因为这还是保险公司的事情,是为保险公司打工而不是自己的事业,因而也没有奋斗的激情。

现在一切都有了,独立保险代理人制度解决了保险中介行业的体制问题、机制问题以及资金、人才、经营、管理、效益与效力等诸多问题。

所谓解决了体制问题就是它确立了独立代理人的市场主体地位,有了这一市场主体地位,独立保险代理人就可以办理市场营业执照,开银行账户,办税务登记,就可以直接与国家的大政方针相对接,可以像各行各业的市场主体一样受到国家的关怀和支持。

所谓解决了机制问题,实际就是解决了关系问题。独立代理人制度确立、市场主体确立以后,解决了它与保险公司之间的关系问题,解决了它与专业保险代理公司之间的关系问题,解决了独立代理人与独立代理人之间的关系问题,特别是解决了独立代理人与其内部人员之间的关系问题,这些问题在以前是令人束手无策的。

由此,所谓解决了资金、人才、经营、管理、效益与效力等诸多问题,是因为在独立代理人的体制下,这些问题都成了独立代理人自己要去解决的问题。

独立代理人制度是一种社会的进步、生产力的提升、生产关系改进的必然要求。具体内容我们会在随后的章节中一一展现。

独立代理人是社区型企业。我们说独立代理人是一家家社区型企业，是因为这些企业的根深扎于社区，它们的人员来自社区，它们的心应当想着社区，它们的生命源自社区。

为何说它们的根在社区呢？是因为它们的服务网点就设置在社区：要么是在社区的出入口，在客户最方便的地方；要么是在社区的中心地带，在离所有客户最近的地方——具体来说就是在步行不超过15分钟的范围内形成一个"低头不见抬头见"的客户服务圈，成为像便利店、理发店一样的社区便民店，又像图书室、警务处一样的公益单位，今后每个社区都会有一家便民保险服务店，它的根扎在社区里面。

保险是件很容易被忘记的事情，但当社区内设立服务店后，人们出入总会看见，相当于一种无声的提醒，人们路过的时候就会想起"我那个保险的保险责任是怎样的啊""我们到时可以领到多少钱啊""什么时候领钱啊"之类的事。而通过这些设立在社区的店面，客户有些事可以及时解决。我们说"保险无小事"，同时，保险也应当无难事。在自身信息发生变动后及时变更保单信息是很重要的事，尤其是所有合同中时效性最强的保险业合同，它有很多时间概念，一旦错过就会出大事，如按时报案、按时缴费等，及时办了就是小事，因此说保险都是需要及时办理的事情。

　　为何说它的人员来自社区呢？不但它的客户是社区的居民，是社区所有的业主，而且这个独立代理人的负责人也是社区的人，门店内的服务人员也是社区的人。保险独立代理人的门店将"由社区的人做社区的事"，这减少了员工上下班的距离，更重要的是拉近了心理上的距离。社区人做社区事有几个好处：一是选择人的好处，如果这个人品行不好，在社区里风评不行，就无法得到社区居民的信任，很难在这里开店；如果是一个品行很好的人，那么不用宣传，客户也会对他很放心。在社区里做事就是在为身边人做事，不能蒙人骗人，否则就没有办法生存下去，因为客户在身边监督着你；同时，所谓"最好的宣传就是口碑宣传"，若是你做得好就会一传十、十传百，品牌效应发展很快。所以它的人员要来自社区。

　　独立代理人因为是社区的人要做社区的事，所以要把他的心融于社区，想客户之所想，急客户之所难，帮客户之所需。包括他的作息时间在内，需要以客户为准：可能不是朝九晚五，而是早七晚十，也就是说客户在活动的时候他就要提供服务。他的服务方式也要以不同社区的人们的生活习惯而发生变化。比如有些客户希望上门服务，有些希望到店服务，有些希望电话服务，独立保险代理人需要提供适合对方的服务方式与内容，要随着客户的需要而变化。因此，他应当心系社区，为客户考虑。

　　同时，这类企业的生命与社区同在，与社区长存。如果离开了社区，那么独立代理人就失去了生存的土壤，现在有些人不重视这个问题，而跑到高楼大厦去开店就难以生存。社区的居民滋养着这类企业的生存、成长、发展，独立代理人依靠着社区，这就是它们被称为社区型企业的原因。

那么社区型企业有什么好处呢？我们可以从两个方面来看。

一方面，这种线下开店的方式似乎看上去不那么"现代"：怎么到了21世纪还在社区里开门店？在好多人的眼中，实体店是一种高成本、落后的经营方式，觉得没有必要开店。但是，在独立代理人看来，社区就是家庭，家庭就是社区，因此，我们要做好家里的服务就一定要根植在社区，它和客户是联系在一起的。

另一方面，虽然它身在社区，但还是与互联网技术和智能化平台相结合。它要打造的是"前端受理后端办理"、线上与线下相结合、温度与速度相统一的服务体系，这就是未来独立代理人社区型企业的主要特征。它既要有能拥抱现代互联网技术、智能化平台的能力，同时也不放弃线下门店与客户互动的体验式服务，将两者有机地结合起来。

独立代理人是服务型企业。说独立保险代理人是一家家服务型企业，不仅仅是因为它们在工商注册的时候就被定义为服务型企业，而且在增值税税率上被规定为服务型企业纳税标准，也就是说法律上规定它是服务型企业。

但更重要的是独立保险代理人在其经营活动上的服务对象、内容和目的以及其收入来源、支持和经营结果等均体现了它是服务型企业。

那么独立代理人的服务对象是谁呢？独立代理人的服务对象就是保险客户。因为在保险合同的双方中一方是保险公司，另一方是保险客户。个人代理人是为保险公司服务的，主要是为保险公司销售产品；而独立代理人作为第三方机构是为保险客户服务的，它是站在客户一方的。从保险相关案例来看，若是保险公司与客户双方对于制式化保险合同条款的理解不一致时，《保险法》明确规定，要以客户的理解为准。因此，我们明确表示，独立代理人首先是为客户服务的，是通过服务保险客户间接地为保险公司服务，这就是独立代理人作为服务型企业的第一个特点。

第二个特点是它的服务目的是实现客户的保险价值以及为实现价值而进行的全程服务。独立代理人服务的内容就是协助保险客户与保险公司打交道，完成保险客户按照保险合同规定的需要保险客户履行的责任和义务。保险客户不知道履行、不会履行、没时间精力履行或不愿意履行的事，就由独立保险代理人来代替客户履行。也就是说保单的维护、保险金的领取、保险金领取后保险的延续以及保障水平的提高等就是独立保险代理人的服务内容。我们之前也做过一个小范围的市场调查：当保险风险发生、需要领取保险金的时候，你要如何处理？有三个选项：第一，客户本人直接去找保险公司客服电话，自己办理；第二，找原来的代理人或者亲朋好友帮忙办理；第三，付费去找身边的专业服务人员帮忙办理。

　　最终结果70%以上的人选择了第三个选项。作出这种选择的理由有以下几点：第一，这种服务本身的收费不贵，一般城市中全家的服务套餐一年只有两三百元，订购这项套餐后，家中所有的商业保险、社会保险，独立代理人都会帮忙办理。第二，客户们认为办好这些事十分重要，需要专业、细心的人来处理。第三，他们认为缴费的项目更加放心。现在市场上的免费项目太多了，免费是可以不用交钱，但同样对方也不承担责任。因此，在市场经济之下，人们还是认为理是理、法是法，按规矩办事更可靠更放心。自己去办不专业，别人去办不放心成本也高，因此不如让身边的专业机构去办。

　　国外的保险服务不仅是在身边服务，投保也是在身边办。因为买的保险没有完成自身价值的实现，当风险发生时通过亲戚熟人办的话，这些人身在何处、在不在这个行业、能不能帮、何时帮忙都是未知数，因此，多数人认为还是身边的专业机构服务更放心些。

　　第三个特点，服务的收入主要是通过保险服务所获得的直接与间接的各种收入，直接的服务收入是从服务客户处获取的收入，间接收入是通过服务后获得的销售收入；这个服务对象将是全方位的，既有商业保险客户，也有社会保险客户，还有银行、证券、基金客户；既有个人客户，也有单位客户，还有更多行业需要进入社区的客户。销售收入既有保险新保收入，还有续保收入，以及存款贷款、证券、基金等各项销售收入；社区是一块肥沃土地，收入是土地上面的庄稼，"人勤地不懒"，只要独立保险代理人去辛勤耕耘，收获是一定不会少的。

  保险服务不仅为独立代理人创造着源源不断的收入,而且日积月累提升着独立保险代理人的地位与价值。它的价值在于客户的价值,在于行业的价值,如果说我们现在还看不出这种价值和力量,想象不到独立代理人会有怎样的成就,那么我们只要想一下如果独立代理人融入了社区、融入了每一个家庭,当他为所有家庭所需要,被所有客户信任,成为所有的家庭和客户真正的保险管家、保险顾问的时候,他与他所服务的保险公司以及各行各业的企业和部门打交道时,你就可以知道他的价值与分量。

  现代企业的竞争已经不是自身的合同双方的竞争,而是它所拥有的资源——它所拥有的合作伙伴的竞争,尤其客户的竞争,谁拥有客户谁就拥有价值,谁拥有客户谁就拥有天下。独立代理人最大的价值就是它能服务客户、融于客户、拥有客户,因此,它们在未来的市场上会有更重要的地位,发挥更大作用,创造更大的价值。

二、"独代"成就的是一个个新型保险业企业家

  在保险代理人从个人向企业转换的过程中,独立保险代理人的自身素质也由低向高发生着根本性的变化。过去那种靠人海战术、电话骚扰、死缠乱打、销售误导的保险代理人会越来越少直至消失,相反,一个个有智慧、有实力、有知识、有标准、有责任、有热情、有分寸的保险企业家会越来越多。未来独立保险代理人的特质可以从七

个方面来展示,这些方面也是对独立保险代理人的整体设计和定位。

第一,他们是有智慧的一群人。为何说他们是有智慧的一群人呢？因为没有理想、没有追求、没有远见的人很难成为独立保险代理人。当下,保险销售还是一件很难的事,保险服务还是一项很难盈利的项目,保险创业还是一种很难成功的形式,因而很多人很难选择成为独立保险代理人。

举例来说,有一家保险公司在现有的保险代理人中做过一次问卷调查,结果十个人中没有一个人愿意成为独立保险代理人,其理由既直白又简单：现在由保险公司投资我都不想卖保险了,我怎么可能自己去投资从事这项工作呢？

因此,能够成为独立保险代理人的一般都是那些有智慧的人,他们看到保险、保险服务是人们生活的基本需求,是一项长期而持久的基本需求；他们能够看到独立保险代理人是历史发展的产物,又必将是推动历史发展的重要力量。因此,独立保险代理人是千里挑一的人,又是一旦选择了就不会轻易放弃的人。独立保险代理人制度已经深深地把这项事业变成了独立代理人自己的事业,为了自己的事业再苦再难也会将这项事业做好、做长久。当社会上有了这样一些睿智的人,保险行业就可以更好地发展,保险从业人员的素质就可以大大提高,保险客户对保险代理人就更加放心,人们对保险代理将会更加满意。

第二,他们是有实力的一群人。为什么要把"有实力"这一点说出来呢？因为过去有人调侃说"如果你这个人没钱，就去卖保险"，一方面是说卖保险是个不需要投资的行业，另一方面是说卖保险可以无本起利，当然更多的是在贬低这个行业。

但现在不同了，卖保险是一件有钱人的事，也是需要资本投入才能从事的行业。独立代理人虽然不是一个资本密集型的行业，也不是在社区创业需要资本最多的一个行业，但要做成这件事情也是有资金门槛的。比如：在一、二线城市开一家社区保险店，得有50万到80万元的投资；在四、五线县市开一家乡村保险店，没有10万到20万元的投入也是很难做成功的。

投资是选择人才的最好制度，不要钱的事很多人都会做，而要钱的事很多人却不会做。不要觉得投资几十万元，就是投资几万元很多人也不敢做。投资有风险，常言道"业无恒产，人无恒信"，因此，必要的资本投入既能保障独立保险代理人的创业成功，又能增加人们对保险代理人的信任，毕竟"跑得了和尚跑不了庙"。所以，与有资产的人打交道，人们总是更为放心。

第三，他们是有知识的一群人。 一方面是说独立保险代理人是一些有知识的人，没有知识是不敢从事这个行业的；另一方面是说这是需要知识的行业，如果开始时不具备知识，那么需要学习知识才能经营好这个行业。因为保险服务是以知识来支撑的行业，是没有知识无论如何也干不好的行业。

与有知识的人打交道总是一件快乐的事情，当他们不是为了服务而服务，而是在服务中为你提供大量保险相关知识的时候；当他们不是为了销售而销售，而是在销售中让你看到行业的保障水平、看到你的保险保障层次，从而让你自由选择为你量身定制的保险方案的时候；以及在你需要时，他们为你提供与保险密切相关的社会保险、银行证券等更多服务知识的时候——当他们成为有知识的人时，也成了受人欢迎的人，因为提供知识的人总是受人欢迎的。

第四，他们是有标准的一群人。在独立保险代理人的标准上银保监会有严格的门槛。银保监会办公厅于2020年12月23日发布的《关于发展独立个人保险代理人有关事项的通知》（以下简称《通知》）第二条明确规定，一个独立个人代理人必须具备以下三个基本条件：

（四）独立个人保险代理人应具备大专以上学历，通过保险基本理论和保险产品专门培训及个人测试。从事保险工作5年以上者可放宽至高中学历。

（五）独立个人保险代理人应诚实守信，品行良好，未曾因贪污、受贿、侵占财产、挪用财产或者破坏社会主义市场秩序被判处刑罚，未曾因严重失信行为被国家有关单位确定为失信联合惩戒对象，最近三年内未曾被金融监管机构行政处罚。

（六）独立个人保险代理人应具有承担经营风险的意识，有较强的业务拓展能力和创业意愿。

在人员的甄选上,《通知》第四条规定:

（十二）保险公司应确保独立个人保险代理人具备监管规定的条件,建立严格的甄选标准和清晰有序的甄选流程,形成涵盖道德品行、社会信用、学历水平、专业知识、工作经历、业务能力等多方面的综合评价体系,设置包括基本信息审核、从业经历与诚信状况调查、职业性格测试、面试、岗前专业知识培训与合规教育、入职综合测评等多环节的工作流程。

（十三）保险公司应建立上下联动的筛选机制,采取多层面试、多轮面试、下级预选上级决定等多种行之有效的方式,既充分发挥基层机构贴近熟悉市场的优势,又体现上级公司统一标准、严格把关的要求。

（十四）保险公司应搭建由人力、业务、法务等多部门人员组成的综合性面试队伍,挑选既有专业知识能力、又有阅历资历的人员担任面试考官。

（十五）保险公司应严格合同签订管理,与独立个人保险代理人签订委托代理协议的应为地市分支公司以上层级。

这些都说明要成为一个独立保险代理人不是一件容易的事。

第五,他们是有责任感的一群人。即使没有以上严格的规定,独立保险代理人也要先进行市场分析,再做好可行性论证,有了绝对把握后才可开展投资运行，毕竟投的是自己的真金白银。

　　一方面独立保险代理人有责任提供全面的服务，如不仅提供财险服务，还要提供寿险服务，还要提供各家保险公司的服务；不仅提供商业保险的服务，还要提供社会保险服务，还要提供银行证券基金等客户需要的更多服务。在服务对象、服务项目、服务环节等方面要做到全面、全覆盖、全生命周期的服务。

　　另一方面，独立保险代理人也要承担服务的全部责任，且是无限责任，这一点与个人保险代理人有区别。个人保险代理人离职后不再承担任何责任，而独立保险代理人停业后责任也依然存在。它与现有公司制也不同，公司制是有限责任，达到规定金额以后就不再承担责任；独立保险代理人是以客户的责任为责任，只要客户责任没有履行完，它就始终负有不可推卸的责任。因此，独立保险代理人提供的服务是有法律保障的服务。

　　第六，他们是有热情的一群人。保险服务本质上是一种管家式服务，一种体验式服务，一种有温度的服务。他们必须非常负责地、非常认真地、非常到位地做好这些服务，才能让客户放心、省心，成为家庭的保险专家、管家、经营顾问、理财助理，成为社区、家庭金融方面不可或缺的好帮手。

　　第七，他们是有分寸的一群人。他们只在客户需要的时候提供服务，只用客户需要的方式提供服务，只按客户需要的内容提供服务——一句话，他们按客户的需要提供服务。他们驻扎在社区但绝不会经常去打扰客户;他们虽然也销售保险,但一定是被动式地销售客户所需要的。但是,当保单维护、保险理赔、保险查询、保险金领取等所有保险相关事情发生的时候,他们总会出现在你身边,为你服务,为你提供帮助,他们有一套完整的、规范化的保险服务流程,使他们与客户之间既和谐相处,又鱼水不分,保持恰到好处的距离。

这样的企业今后不会有很多,按照国际惯例再结合我国国情,中国独立保险代理人按照中国行政区划社区设置将会是比较合理的。本书将在后续章节的分析中让读者看到,无论是从物理空间、人口规模、市场容量还是监管许可方面看,一个行政社区设立一家保险服务店,使独立保险代理人成为社区生活的一部分是最为合适的。多了养不活自己,少了服务不过来。

中国现有69.2万个村级行政社区,所以只需要69.2万家独立保险代理人,今后将有180多万名独立保险代理店服务人员去服务这69.2万个社区,服务4亿多个家庭,服务14亿多客户。

最近有客户反映个人代理人似乎少了许多,原本"推不掉"的个人代理人现在居然"找不到"。其实至2022年3月,中国个人代理人总数比最多时只减少了三分之一,从900多万人减少到600多万人,如果再减少三分之二的人,只留下200多万人,客户也不会觉得少,因为个人代理人都是"流动人口",现在的独立保险代理人是"常驻人口",总量减少了,质量提高了,这将是中国保险代理人整体形象的改观。

三、"独代"填补的是一处处保险客户服务空白

一代人有一代人的使命，一代人有一代人的追求，一代人有一代人的价值。衡量一代人的使命、追求、价值的标准就是看能不能破解那代人所面临的最大困难、问题和挑战。当前中国保险行业已经从高速度发展转变为高质量发展阶段，保险行业面临最紧迫、最重要、最大的问题、困难与挑战就是客户不满意、竞争不充分、代理人生存状况不容乐观，独立保险代理人最大的使命、追求与价值就是看他们能否从根本上解决这些问题、困难和挑战。

（一）实现客户保险价值

客户的问题始终是最大问题，当前中国保险业的最大问题之一就是保险客户投诉率高、投诉量大、投诉增长速度快，这已经成了当前社会上不得不重视且不得不首先解决的问题。造成这个问题的根本原因是客户所购买保险产品的保险价值要么无法实现，要么无法按照业务员宣传的实现，要么无法按照客户所理解的实现。

虽然这些问题在各国保险行业发展的初级阶段，在个人保险代理人制度下是无法避免的问题，但也是必须尽快解决的问题。因为客户要求实现保险价值，要求更快地实现保险价值，要求以更好的方式实现保险价值，这不仅仅是保险客户拥有保险的唯一目的与刚需，

也是保险产品与保险行业唯一价值之所在,也是国家满足人们日益提高的物质精神文化生活的需要。

独立保险代理人制度有利于从根本上解决这一问题,是因为当69万名独立保险代理人进驻69万个社区时,就为解决这一问题从根本上提供了组织保障;当100多万个独立保险代理人的服务人员深入到4亿多个家庭时,就为解决这一问题从根本上提供了人力保障;当前台受理后台办理、线上与线下相结合、温度与速度相统一的服务网络进入到14多亿个客户中间时,就为解决这些问题从根本上提供了技术与方式方法上的保障。

这将是一种多大的力量呢?从中国的抗疫实践来看,在社区所设立的机构的力量是巨大的,这种力量既然可以战胜难以战胜的新冠病毒,那么对于为保险客户实现保险需求这项正常经营行为而言,问题自然也能迎刃而解——后者远没有前者那么普遍、那么难、那么可怕。

从各发达国家保险业发展的实践来看,在独立保险代理人制度实施后——有了身边的服务,有了专人服务,有了专业服务后——这些问题就会大幅度减少,甚至变得不再是问题,而是发展的机会。

其中有三点彰显着服务的价值:服务是宣传保险的最好机会;服务是发现需求的最好机会;服务是扩大销售的最好机会。独立保险代理人今后正是通过这种服务来带动销售,因此,我们将其称之为"被动销售";而独立保险代理人拥有在社区全面发展保险事业的机会后，客户就会在实现保险价值的过程中看到价值，认识到价值，体会到价值，保险服务将成为客户自愿、自觉、长期购买保险的永不枯竭的动力。

（二）创造充分竞争环境

当前中国保险业最大的问题之二是市场垄断情况严重，其主要标志是先成立的几家保险公司掌握着保险行业85%以上的销售渠道、网点、队伍以及客户，且业内绝大多数保险机构、产品、服务根本无法与其同台竞争。

寻其原因，一方面是体制决定的。中国是从计划经济过渡到市场经济体制的，在发展至市场经济体制——即开始开放竞争之前，有两家保险公司将分支机构分布到全国各省、市、县甚至各个乡镇，以其自产自销的独特优势掌控着大量的客户资源；而后成立的两家保险公司也依照这种模式试图将其销售网络覆盖到全国各地。导致后来的几百家公司再也没有背景去建成全国性自产自销的网络。

另一方面是制度决定的。个人保险代理人制度不仅没有削弱这种体制的影响，反而百倍地放大了这种不合理性，使大者愈大，小者愈小。

这种负面的马太效应终于使中国保险业患上了"肠梗阻"这样两头大中间小、流通不畅的疾病。两头大中间小是指供给侧有几百家保险公司几万种产品可以销售，销售端则有14亿客户，几万亿保险需求量，但是中间却没有渠道没有人员可销售、可服务。这种在历史上形成、在初级阶段放大、在高质量发展的今天所不容的问题已经到了必须解决且可以解决的时候。

独立保险代理人制度有利于解决这些问题。一是因为独立保险代理人是销售企业，是一个个小微型保险代理公司，它们可以销售各家公司的保险产品。二是因为它们是社区型企业，可以最直接地感受到客户的需要，可以做到"产销见面"。三是因为它们是众多企业，拥有众多客户，足以打破任何一种垄断行为，使保险产品货畅其流、人尽所需；也可以说中国60多万家独立保险代理人企业到位之时，就是中国保险市场充分竞争之时。这个过程大概需要三个阶段来完成。

第一个阶段，让保险市场从人力竞争走向产品竞争。

在垄断时保险市场的竞争不是保险产品的竞争，是保险销售能力的竞争，所以谁拥有的人越多，谁卖的保险产品就越多。因此，那个时候经营的信条是"只有卖不了保险的人，没有卖不出去的产品"。

这个信条是完全错误的，正常的竞争应该是产品的竞争，正确的信条应该是"没有卖不了保险的人，只有卖不出去的产品"。因为人们购买的是产品而不是人力，因此，要实现保险业的充分竞争一定要从销售人力的竞争变为产品竞争，要让更多产品能与客户见面，用更多物美价廉的产品使客户受益，以更多产品丰富保险市场。

第二个阶段，要从同质化竞争走向差异化竞争。

由于现在中国保险市场处于垄断状态，因此，现在市面上流通的保险产品都以垄断公司的产品为主，他们卖什么其他公司就跟着卖什么，如此一来中国保险市场上商品同质化状况就非常严重。

这种同质化的状态极大地抑制了保险客户差异化的需求。充分的市场竞争应当是差异化的竞争，保险产品应当是有所分工的：擅长处理重疾状况的应主要经营重疾险产品，有意外险管理能力的就以意外险为主。总而言之，应当细分市场，按照客户差异化的需求去确定各个公司努力的方向，在专业化经营细分市场的过程中去寻找各家公司的产品特色，以全面满足更多客户差异化的需求。

未来保险产品的竞争应当是差异化的竞争，应当是小众市场的竞争，应当是量身定做的产品的竞争。

第三个阶段，要有静态的竞争也要有动态的竞争。

这将是保险业市场竞争的更加高级的阶段。所谓保险就是保人的风险，而人在人生不同阶段有不同的风险，因此，真正的保险应当是变动的风险保障，应当是根据客户风险变化而变化的保险。

国福家庭保险销售服务公司与南开大学合作进行了一项有关家庭保险计划的研究，成果表明保险产品的销售应该由以个人为单位转向以家庭为单位销售。一方面是因为家庭才是承担风险的主体，另一方面是因为以家庭为单位承保可以避免以个人为单位承保所增加的成本以及其所降低的保险金额。若是以家庭为单位承保，同等金额、同样的保险责任之下保险成本要降低30%以上，也就是说在同样成本的情况下保险金额可以提高30%以上。

另一项研究成果是：可以根据客户年龄变化及风险变化来确定家庭保险方案。研究团队选择了三个维度。首先，家庭所处的地理环境的不同，他们所面临的风险也不同；其次，家庭之间的收入状况不同，他们需要的保险金额不同；最后，风险偏好不同，他们选择的保险项目也不同。因此，可以把全国客户归为几十种不同的家庭类型，今后买保险也可以以家庭为单位购买。

同时，保险也可以依据风险的变化而变化。风险的变化对于人来说主要是随着年龄的变化产生变化。家庭分为独身家庭（尚未成家的人）、双人家庭、三人家庭，成熟的家庭或遭遇了风险的家庭等；人又分为幼儿、少年、青年、中年、老年——在每个阶段人们都需要保险，但所需险种和保险金额各不相同。比如说一个成年人需要的意外伤害保险金额就会很大，为什么呢？因为他既要赡养上一代，又要抚育下一代，还有自身的生活需要，因此，他对保险金额的需求就会很大。当他进入老年后，他的风险就会降低，意外伤害的保险需求也会降低，但是护理保险等需求又会相应增加。

现在的中国保险业都是"死保险"，购买一单保险后就会"保终身"，中间变不了、动不了；未来真正理想的保险应该是随着人的年龄增长、风险的变化、责任的改变而发生变化。这是保险业发展的高级阶段，目前世界各国对此也尚在探索中，但可以肯定的是这是未来保险业发展的方向，也是必然要实现的目标。

（三）改善从业人员生存状态

当前中国保险业最大的问题之三是保险代理人的地位和收入问题，他们的生存状况不容乐观。具体表现为保险行业中除了极少数既有保险销售收入又有发展个人保险代理人的组织利益的人之外，大部分代理人依靠本业收入都无法养活自己，大部分人每月收入不足 2 000 元，远远低于各地最低生活标准。这些人也没有任何保障，有句玩笑话说"现在是一群没有保险的人在卖保险"。而一切收入都依靠销售，"今朝有酒今朝醉"的现状，也让人看不到这项工作的前途。作为一个行业的主体，要在为社会作出贡献时改善自身待遇，要有较高收入才能生存和发展。

企业管理学上有种理论，"要服务好客户首先要照顾好自己"，要是连自己都照顾不好又如何服务好客户呢？一个人连衣食都不能自足的时候，他怎么可能全身心地服务他人呢？无论从事业角度，从服务客户的角度，还是从自身发展的角度来看，独立代理人在改善客观世界、为人民创造美好的保险生活的同时，也必须使自身生活美好起来。

那么怎样改善自身状况呢？我们认为现在有一个千载难逢的机会：独立代理人制度的推行。这为改善保险代理人生活状况提供了制度和法律上的保障，他们可以以企业的形式去发展自己，企业才是创造财富的机器。

　　另外,独立代理人制度也使其有了生长和发展的肥沃土地。原先个人代理人制度下的流动经营客户难寻,现在独立代理人制度下他们有了自己的身份,有了自己可耕耘的"田地"和自己可经营的市场,有了更多的收入和发展机会。

　　我们以后会看到,代理人的市场是巨大的,地位是很高的,事业也是长久的。

　　独立代理人有着无限美好的前途和未来,但是成功永远不会轻易而来,所谓"理想很丰满,现实很骨感",独立代理人要真正完成它的历史使命、成为市场的一个主体,也面临着很多困难、问题和挑战,它也要"过五关斩六将",经历浴火重生。我们在后续章节中将介绍独立代理人要走向成功必须完成的各项挑战。

第三章

"独代"是一种服务销售型商业模式

商业模式很重要，一种好的商业模式可以起到四两拨千斤的效果，把难事做成易事，把小事做成大事，把亏损做成盈利，把短期行为做成长期事业，以较小的投入取得较大的成功。这种好的商业模式又总是先由一批智者，在客观情况变化时去发现一些尚未满足的市场需求，然后找到一种更好的方式方法、技术资源去满足需求，从而形成领先于竞争者的优势。

中国保险行业正在发生着深刻的变化，一是其市场特征已经从"以销售为中心"的时代转换到了"以服务为中心"的时代；二是其客户需求已经从过去只关心如何购买保险，转换到现在既关心购买，但更关心购买过的保险如何实现保险价值的事情上来了；三是从关心"交钱"（投保）到关心"领钱"（理赔），这说明时代变了，客户需求也变了。

独立保险代理人制度就是适应这个时代变化的制度，独立保险代理人就是发现并满足这类客户需求变化的人。

一、保险产品价值形成的两个阶段

马克思主义理论认为，所有商品都有二重性。商品具有价值和使用价值，价值是生产者需要的，使用价值是消费者需要的；生产者通过出让商品使用价值而获取商品价值，消费者则通过出让商品价值而获取商品使用价值，两者在一般商品交换中是同时实现的，即"一手钱一手货"，否则这类交易是无法完成的。

保险则不然。保险产品也有二重性，但它的价值与使用价值不是在交易时同时实现，不是"一手钱一手货"。它是先付钱，后提货，中间有个等待期，等待约定保险事件的发生，"钱"与"货"才最终完成交换，因此，保险交易较一般商品交易复杂很多。

开始，客户在出让保险产品价值时，却没有得到保险产品的使用价值；同样，保险公司在得到保险产品价值时，延后了实际交付保险产品的使用价值的时间。

中间，有个间隔期，间隔时长随发生保险事件的时间不同而不同，间隔期从一天至几十年不等，甚至终身都不发生，什么情况都可能有。

最后，"钱"与"货"均是一个变数。"货"即实际赔付金额，它是根据保险事件的损失和责任大小在变，比如说你购买了100万元保险金额，实际赔付金额就在0到100万元之间确定，有可能是100万元，有可能是0元,也有可能是10万元、50万元等。"钱"与缴保险费的次数相关联,也是根据缴费期与保险赔款时间变化,从1次到缴费期结束。比如你选择缴费期是20年,实际缴费次数在1到20之间确定,有可能缴1次,有可能缴3次、5次,最多20次。

一切都在变化之中,变化后的价值与使用价值是通过两个阶段来实现的,而且这两个阶段缺一不可。

第一个阶段,是保险价值交换阶段,即签约付款阶段。保险合同双方(保险公司与保险客户)有各自的责任与义务来同时做好以下四件事情:① 申报与核实投保条件;② 提交与审核证件材料;③ 缴纳收取保险费;④ 签发收取保险单。到此第一阶段结束。

第二个阶段,是保险使用价值交换阶段,即理赔领款阶段。同样,保险合同双方(保险公司与保险客户)有各自的责任与义务来同时做好以下六件事:① 报案受理发生的保险事件;② 双方确认保险责任;③ 核验保单是否有效;④ 协商确定保险金额;⑤ 提供审核索赔证据材料是否齐全;⑥ 支付收取保险金。到此第二阶段结束。

由上可知,要完成每个保险阶段并完成全过程,每次保险交易均不是一件容易的事情,都需要保险中介组织或人员代理完成;如果没有保险中介组织或人员为其代理,保险合同双方(保险公司与保险客户)或一方是很难完成的。

二、保险代理人历史演进的两种模式

保险代理人是根据保险人的委托授权，代理其经营保险业务，并收取代理费用的人，因其代理阶段不同形成了两种商业模式：一种是个人保险代理人的保险销售型商业模式，一种是独立保险代理人的保险服务销售型商业模式。

（一）保险销售型商业模式

保险销售型商业模式是指个人保险代理人只为保险合同双方（保险公司与保险客户）提供保险签约付费的第一阶段服务，不提供理赔领款第二阶段服务且只为一家保险公司服务的商业模式。服务的内容是寻找客户并促成客户与保险公司签约付费，完成第一阶段四大环节全部工作。服务的报酬是向保险公司一方收取保险代理费用，尽管他们大部分时间是在为客户履行责任与义务。服务完了第一个客户，再去服务下一个客户，下一个客户服务完了，再去服务下下一个客户，周而复始、顽强地重复着同样的工作。

保险销售型商业模式是保险公司需要并由保险公司投资运营的。在保险价值形成的两阶段中，保险公司只需要提供保险签约缴费第一阶段代理服务，不需要理赔领款的第二阶段代理服务。因为在第一阶段招揽客户是一件极其大量而又难度极大的工程，没有大量的保险代理人是无法扩大保险销售的。而完成保险理赔领款第二阶段工作,对保险公司来说一点困难都没有。在这种模式下形成的个人保险代理人除了销售还是销售,没有其他工作和能力以及收入来源。主观上看,很多个人保险代理人都希望把自己卖出去的保险服务好,对自己、对客户、对行业、对社会都好,这个道理他们知道。但客观上却不能做到,没有个人保险代理人代理保险理赔领款阶段的服务。

这种商业模式是客户没有想到的,大多数保险客户的思想观念、行为习惯、专业知识、身份地位不适应,"投保容易理赔难"是自然而然的。

一是思想观念不适应。比如,有的客户把买保险想象成"一般交易",是由风险决定的;有的客户相信保险公司是有"温度"的服务,是会把服务做好的;有的客户认为他的保险是亲朋好友帮他买的不用担心理赔,等等。这些思想观念,最终往往让他们后悔莫及。

王老板18年前在某寿险公司投保了一份年缴5 000元、缴费期20年、保险金额35万元的重大疾病保险。16年前突患脑梗去保险公司索赔,发现其保险单三年没有缴费已经永久失效。客户说每次接到保险公司电话都去缴费了,没有接到电话后不缴费的情况;保险公司说你说的不错,但是后来几年你的电话就打不通了;客户说我把这几年的保险费甚至利息都补上来总可以吧,保险公司说这样也不行。这个客户的风险发生了,但35万元赔款拿不回,不仅如此,结果保险本息退不全，再保又不符合条件。

李大姐的小孩子争气考上了大学，她拿着保险证（以前的）到县城保险公司去领大学教育金，柜面服务告诉她不行，还要保险单、保险费收据、全日制大学录取通知书、身份证原件复印件，最让她为难的是保险单上的名字与身份证上的不一样，要公安部门出具证明才能确定是否可以领取保险金。李大姐不明白为什么有了"存折"不能取钱，为什么有的手续保险公司不办要她办，还不明白保险公司为何不能代替客户履行责任与义务。最后李大姐还是找人代为办理才成功领款。

二是行为习惯不适应。例如，有一个老板娘，其老板生意做得蛮好，多年前就开上了宝马5C，这个老板娘管账有个习惯，收钱要提前3天，付钱要迟3天。最不愿意支付的是车辆保险费，因为从未出过险，因此还是按习惯办事等3天以后再付，却在第二天出险，损失了30多万元，后悔莫及。又如，很多人不喜欢与保险人打交道，不愿意到保险公司去办事，原因是车险快到期了保险公司电话不断，承保以后音讯全无；保险业务员找你时热情有余，你找他时他让你找保险公司。再说保险保的就没有什么好事，有人迷信"相信就有，不信则无"，保险的事一是拖，二是容易忘记，三是不想做、不愿意做，四是不会做又不学，这样都很不利于保障自己的权利。

三是专业知识不适应。比如说发生了一起保险事件，这起保险事件是否属于保险责任范围之内、应该赔付多少保险金额等问题，按照《保险法》条款,可以由保险合同双方(保险公司与保险客户)"以保险条款为准绳,以保险事件为依据"协商确定,但有几人有这种专业知识与能力呢?少之又少。

四是身份地位不适应。到了第二阶段,此时保险公司是付钱方,保险客户是要钱方;保险公司是组织,保险客户是个人;保险公司天天与赔款打交道很专业,保险客户一生也领不到几次钱很生疏。尽管《保险法》还规定当两者意见不一致时,法院要以有利于客户的意见为准去作判决。可又有几人能说出有利于自己的意见呢?即使有人能说出,也不可能都用这个办法。

总之,保险客户处处都不适应。

(二)服务销售型商业模式

服务销售型商业模式是一种创新、复杂与多赢的商业模式。它的创新在于:一是它的组合性,二是它的完整性,三是它的逆时性。所谓组合性是指它是由两种商业模式组成的。一种商业模式是保险销售型商业模式,从事保险签约缴费第一阶段代理,收取第一阶段代理费用;一种商业模式是保险服务型商业模式,从事保险理赔领款第二阶段代理,收取第二阶段代理费用。它的完整性是一次保险交易的两个阶段都提供代理,既提供保险签约缴费第一阶段代理,又提供保险理赔领款第二阶段代理,形成一个服务闭环。它的逆时性是指不是先投保后理赔,即客户通过我购买了保险,所购买保险发生了保险事件由我来提供理赔领款服务，从保险交易的第一阶段做到第二阶段；而是从第二阶段开始代理，希望服务好了，客户会在他这里购买保险，从而形成一个先服务后销售的商业模式，即服务销售型商业模式。

它的复杂在于付费环节。商业模式就是交易模式，简单地说就是我为你提供服务，你为我提供报酬。复杂的情况是，我为你提供服务，你不为我提供报酬或提供很少的报酬；你再在我这里消费，由第三方提供报酬以覆盖成本及利润。服务销售型商业模式就是这种复杂型商业模式。保险理赔领款第二阶段服务是独立保险代理人为保险客户提供的服务，保险客户不会为此付费或很少付费，待你服务做好了，保险客户可能通过独立保险代理人购买保险，独立保险代理人可以向保险公司收取佣金，以覆盖其服务成本及利润。

它的多赢在于保险客户赢了，保险公司赢了，独立保险代理人也赢了。独立保险代理人是服务销售型商业模式的创造者、实践者和风险承担者。独立保险代理人需要智者的眼光、企业家的精神、服务者的真诚去践行这一商业模式。

一是要解决好保险客户对保险理赔领钱的"刚需"问题。按照这种商业模式运行，独立保险代理人都要协助保险客户来履行保险理赔领钱第二阶段所有责任与义务；协助保险客户完成所有保险理赔领款第二阶段工作；协助保险客户维护保险理赔领钱的第二阶段权益，从根本上解决"投保险容易理赔难"的机制问题。

二是强身健体解决好客户信任问题。独立保险代理人要发挥独立市场主体作用，让客户相信你拥有权力解决服务问题；发挥企业作用，让客户相信你有资质解决服务问题；发挥小微型保险代理公司作用，让客户相信你拥有专业能力解决服务问题；发挥社区店作用，让客户相信你拥有长期服务的意愿。

三是丰富服务内容，创新服务方式，为保险客户提供更多更好的服务，让社区成为家庭现代化的一站式服务中心。

而从国外实践来看，他们都是按照"专业人干专业事"这样的常识来分工，在实现保险价值这件事上，不仅保险服务在社区办理，保险购买也在社区办理。在国外有一个故事，客户对一个亲戚说：什么事都可以通过你购买，唯独保险不行，因为不知道保险事件什么时候发生，也不知道你在什么地方，所以不放心。独立代理人在帮助客户实现保险价值的过程中也在不断完善客户家庭的保险保障方案，推进家庭保险向更高水平发展。

三、服务销售型商业模式发展的两个前途

从保险代理人的事业发展来看，两种商业模式决定着保险代理人两种前途和命运。

第一，从拥有客户数量看，服务销售型商业模式客户多。客户数量与商业模式有密切关系，好的商业模式客户越来越多；不好的商业

模式客户越来越少。个人保险代理人可服务的客户越来越少，因此，保险销售型商业模式是有问题的。这种商业模式问题一是它的客户总量不大，现在保险密度已经处于较高水平。二是目标客户在减少。三是发现目标客户很难。个人保险人在推销过程中最难应对的一句话是"我家什么保险都有了"。四是开发一个新客户更难了。客户对只投保不负责理赔的服务方式不满意。

相反，服务销售型商业模式深受保险客户欢迎。其巨大优势在于，一是存量巨大。基本医疗保险参保率近100%，基本养老保险参保率超过95%，各种商业保险参保率据不完全统计平均近70%。这些保险客户无论是购买产险还是寿险，无论是购买商保还是社保，也不管是哪家保险公司承保，在任何时候、任何地方，他们都是服务对象。

二是增量更大。到2020年底中国保险深度为430美元，世界保险业平均水平为818美元。在中国保险深度每增加1元，就是14亿元，还有很大发展空间，尤其是保障型市场更大。

三是易开发。有实践证明，在现代家庭中只要不说要客户买保险，只说帮他看看过去买的保险是否还有效，有多少保险价值，如何实现价值，没有人不欢迎的。

四是有价值。到目前为止这还是一个蓝海市场。个人保险代理人不提供这类服务，保险公司无资格提供这项服务，互联网难以提供这项服务，其他机构没有资质服务。例如，一对夫妻在外打工二十多年,各地都为他们办了社会保险,经服务人员查询,可以转回8万多元,这对夫妻对这类服务感激不尽。

五是易于形成核心竞争力。提供线上服务容易,提供线下服务难。全国的社区是有限的,独立保险代理人覆盖到所有社区之时,就是其地位难以动摇之时。

总之,保险服务销售型商业模式客户总量大,扩大规模快,而且稳定性好。

第二,从累积价值看,服务销售型商业模式之下独立保险代理人价值增长快。一个最好的商业模式就是劳动价值累积性。有人说一个人一生只做一件事没有人不成功的。独立保险代理人在社区的保险服务型商业模式就是这样一种能长期做下去的事。

一是它是满足客户最"刚需"的需求。例如一家门店免费为社区一客户办理一份750元的车辆理赔款,客户非要在店里买一份年缴1万元的长期寿险,其理由是早就想买,现在这里有个门店他就放心,还说只要服务好以后家人所有保险都在这里买。

二是可提供的服务太多了。过去个人保险代理人找不到事情做,现在是做不完的事。一件事为保险客户挣得的就是一份利益,十件事就是一生的感情,服务事情做得越多,价值越高,感情越深。客户越来越多,忠诚度越来越高。而销售就像猴子掰玉米,掰一个少一个,掰得越多,少得越快,劳动成果不能累积。

三是在改造客观世界的同时改造着主观世界。一个企业的成功在一定程度上就是企业家的成功，独立保险代理人可以在社区积累更多财富与智慧，还可传承下一代，建立百年老店。

也就是说，最好的商业模式能累积人生曾经付出的所有劳动，这种商业模式也能衡量我们每个人的价值大小。多次改行的人成功者很少，根本原因是原先的劳动价值不能累积：社会阅历自然是累积的一种，但客户关系、资源等都不能累积。因此，有些人工作几十年后改行再创业时会开玩笑，"革命几十年，一夜回到解放前"，再做什么都要从头学起。

虽然服务创造价值需要过程，但独立代理人的价值就是可累积的价值。客观来说，一个独立代理人要取得客户的信任、变客户为资源，正常情况下需要两到三年，所以所有独立代理人都需要有这样的思想准备，要有财力准备。因为服务的价值常常是最后才实现，但服务价值的实现又是永久性的。服务好一个客户，这份价值或许等两三年后才能体现，但一旦体现将终身受用。人与人之间最重要的关系就是信任，获得了信任就等于完成了客户全生命周期的价值积累。它不像个人代理人也不像其他行业。虽然有这两三年的过程，但每个过程都在发生量变，你的每一次努力、每一次付出都不会付诸东流，它都会为你的事业大厦添砖加瓦。当这种量变到达质变的时候，你的价值就可以充分实现。

服务的价值是永恒的价值，因此，服务销售型商业模式的价值会越来越大。

第三,从发展机会看,独立保险代理人的商业发展机会越来越多。因为独立代理人与客户打交道,帮客户实现保险价值,以服务家庭、拥有家庭客户为自己的本职工作,所以,这种本职工作会为他创造价值。从金融角度看,客户购买保险的支出只占家庭总支出的20%以内,也就是说仍有80%的家产需要配置;当你通过仅占20%的保险服务赢得了客户的信任和尊重,你就有可能为他实现更多价值,从而为自己创造价值。

各行各业如银行、证券、基金、社会保险、法律、教育等都需要了解客户情况,根据客户需要来发展自身事业,但目前从最了解客户的情况这一点来看,独立保险代理人拥有最多资源,可以说是各行各业服务客户的窗口,是各行各业发展自己的桥梁和纽带。因此,独立代理人在服务客户的过程中,不仅在本行业内能创造不断提升的价值,还能为其他行业提供服务,为这些行业创造更大价值。

独立代理人这种服务销售型模式是一次千载难逢的历史性机会,这是最好的商业模式,能在为客户、行业、社会创造价值的同时,也在为自身创造着最大价值。

第四章

社区创业是"独代"的
基本特征

在社区创业将是独立保险代理人的基本特征,它是独立保险代理人的优势所在、价值所在、希望所在。也就是说如果独立保险代理人不进入社区创业的话,就失去了其特色、地位与作用,与个人保险代理人没什么两样。

对于独立保险代理人来说,在社区创业已经不是一件做或不做的事,而是一件如何做好的事。考虑到在社区创业对很多独立保险代理人来说是一件全新的事,因此,我们将结合中国保险业的实际状况,从思想观念、社区情形、创业心态、创业流程、资源聚集、经验汲取等方面来讲述独立保险代理人在社区创业的基本思路与方法,以求使独立保险代理人尽快走出一条具有中国特色的、又快又好的社区创业之路。

一、抓住社区创业机会,实现社区创业价值

所谓创业机会可以从三个方面去认识和理解:一是国家实施独立保险代理人制度,二是所有客户都需要实现保险价值,三是保险从

业者都拥有自己创业发展的机会。我们认为，只有充分认识和理解这些机会难得，独立保险代理人才能树立正确的思想理念，才能知道社区创业的宝贵之处和意义所在。

实施独立保险代理人制度最大的好处在于它解决了行业许可的问题。行业许可是一项只有国家才能决定的行为，国家许可了的事才可以去做，国家没有许可的事是无论如何都不可以去做的。我们在本书第二章所提到的那位销售总监和那家保险公司的例子说明的就是这个道理，但现在有了独立代理人制度，我们就可以去实现了。

一项制度就是一个时代，一个人能赶上一项制度的推行就是赶上了一个新时代，就获得了时势造英雄的机会。有这样一个机会是很不容易的事，因为一项新的制度的出台往往需要很长时间，又必然会延续很长时间。比如这一次独立保险代理人制度的出台就用了近三十年时间，因而也必将延续更长的时间，这就是制度的特征。

独立保险代理人制度不仅具有这项特征，它还有另外一项特征：独立保险代理人制度对独立保险代理人不仅有质量上的要求，还会有数量和规模上的控制。因为它不像发展个人代理人那样有多少就发展多少，而是像银行或是保险公司发展代理机构那样应社会需要而发展，不能无限制地发展。

前文已经提及，在澳大利亚，独立保险代理人就是这样有限发展的。其保险代理机构、保险代理人的总数约有6 000多家，并且三十多年来一直没有大变化。中国独立保险代理人也会是这样的，但其总量多少才合适需要根据未来的市场情况确定。从中国的行政区划、市场购买力以及服务能力来看，一个村级行政社区设立一个保险代理人的比例应该是比较合理且可行的。因此，实行独立保险代理人制度不仅机会难得，而且机会有限，值得所有人珍惜。

　　所有客户都需要实现保险价值，这解决的是市场需要问题，这个机会同等重要。前面说的是制度问题，现在说的是市场问题。有了制度却没有市场也是不行的，因为需求决定供给，供给源于需要。从市场需要的角度来看这是一次机会。那么现阶段中国有多少人需要保险服务呢？我们可以从图4-1所示的保险服务场景中可见一斑。

图4-1　保险服务场景

　　图4-1中，左图是社会保险的办事大厅，右图是保险公司的服务窗口，如果这幅场景不是亲眼看到、亲临现场，很多人就不会相信。十年前这些地方还门可罗雀，但不知从何时起这些地方已人满为患。在这些排队的人中，有人一次就可以处理完事务，有人可能要多次才能办完。

有个小区的物业经理根据自己的实际经历说去柜台办事平均要三次才能解决问题："第一次排队，到了柜面才知道能不能办、如何办；第二次到柜面以后才知道自己要办这件事的证件手续是否齐全；回来补齐以后第三次才能办完。"而且他对现在的社保和商业服务机构朝九晚五、节假日不工作的服务时间颇有怨言。客户需求量越来越大的现状由此可见一斑。

再来看市场投诉率。很多人都会责怪保险公司不讲信誉，因此，"投保容易理赔难"之类的说法越来越多。我们认为其实这种情况很大程度上是冤枉了保险公司，因为保险合同履行是合同双方的事，既有保险公司的事，也有客户的事，双方都做好了自己的事保险合同才能顺利履行；如果有一方不履行保险合同的责任和义务，那么保险合同便难以履行。

我们从大量投诉案例分析的结果看，很多保险合同不能履行或不能很快履行的主要原因，其实在于客户没有履行好自己应当履行的责任与义务。那么客户为何没能履行呢？我们需要分析一下服务的重要性。

有些客户把买保险看成买彩票，"只要中了奖你就要给我钱"——只要我发生了保险事故你就要赔款。有些人说"中就中了，没中就没中，还有什么要我做的呢"，这种想法错就错在以下几个方面：

买彩票是一次性行为，但买保险是连续性行为，每年都要缴保险费合同才能有效。买彩票是公众行为,是否中奖由公证机关来办理,而买保险是一对一的行为,是否属于保险责任是双方协商认定的。买彩票是确定性行为,如果你买了100万元的彩票中了奖就给你100万元;但保险不同,买了100万元不代表一定赔付100万元,因为此处所说的是保险赔付的最高金额,不是必须赔付的金额,实际赔付的额度是在保险合同的基础上由双方商议后在零至最高赔付金额之间确定的。此外,买彩票是一种他证行为,你能否中奖是由公证机构认定,买到的号码和公布的一致你就可以去兑奖;而保险理赔是一种自证行为,也就是说能否领到钱需要你自己用证件、资质、材料、证据、手续等证明你符合领取保险金的条件,经过对方核证无误后才能领取保险金。要完成自证行为对于一般的保险客户而言的确是件不容易的事,这也是为什么会有那么多人投诉的原因。

那么这些事到底要由谁来做呢?

很多客户以为这一自证行为不该由自己来做,而应由保险公司或业务员来做,这种理解显然是错误的,因为如上面所说,保险合同双方各有各的事。保险公司有自己的责任和义务,客户也有自己的责任和义务,保险公司不能履行客户的责任和义务,客户亦不能越俎代庖。这有点像打官司的原告与被告的关系,原告不能让被告替他收集证据来支持己方,被告也不能指望原告来为他证明清白,因为两者站在利益的对立面。显然,如果我们以为理赔要由保险公司或业务员来处理,那就大错特错了。

比如我们现在问一个客户你为什么第四年的保险费没有缴，他会怎么说呢，客户常常会说"不是我不缴，而是这次保险公司没有业务员来收"。过去三年都是业务员来他家里收取保险费，甚至有可能会带点小礼物来。这种小习惯让他以为保险费就是要有人来收的，所以业务员不来，他也就没缴。但是，他不知道按时缴纳保险费是客户的责任和义务，他也不知道过去业务员来收保险费是因为那时业务员有佣金，现在没有佣金了业务员就不会来收取了，客户应该自己履行责任缴纳保险金。正是因为有这种想法，才导致了很多客户把很多事当作是保险公司的责任，导致了投诉。

当然，更多的客户不是不想履行自己的责任和义务，要么是忘记履行，要么是不会履行，要么是没有时间和精力去履行。这样看来，投保也不容易，人们觉得容易只是因为有业务员帮着处理才会"容易"。现在理赔和保单维护也不难，但为什么客户会觉得难呢，是因为没有人帮他办理。这说明保险服务绝不像其他人想的那样是一件不必要的，可有可无的，或是可以由保险公司代劳的服务。

从1992年恢复个人保险业务至今这种需求已经累积了30年，因为每买一份保险就有一份实现保险价值的需求，买一年有一年，现在已经有了30年，这30年间有多少人购买了保险、有多少人缴纳了保险费，也就有多少人需要实现保险价值。

虽然从保险概率上看，保险事故并非同时发生，也不是所有事故都在保险责任范围内，更不是所有人都能领取保险金。但是，从长期来看，保险事故一定会发生，所有人都可能领取保险金。因此，为准备领取保险金做的事是一定要做的。买了保险就要做好风险发生后领取的准备，这个需求是大量的。也就是说在当前市场供给严重大于需求的情况下，保险行业中对此还有那么大的需求量是很少见的，是独立保险代理人创业的一个千载难逢的机会。

提供保险服务、满足客户实现保险价值的需要，不仅催生了独立保险代理人，而且必将成就独立保险代理人。

除此之外，还有一项更大的保险需求：社会保险也在期盼着构筑服务体系。因为经过近20年的飞速发展，基本医疗保险覆盖率已经接近100%，基本养老保险的覆盖率已经达到了95%以上，这些人同样有拥有保险到实现保险价值的服务需求。

社会保险与商业保险本就是家庭保险保障的两个部分，如果我们能把这两项服务有机结合起来，既为客户提供了极大的方便，又为独立代理人提供了新的更大更稳定的服务市场。

在独立代理人制度下，保险从业者都有一个创业发展的机会，这种制度解决的是所有制的问题。这个问题也很重要，因为第一点解决了制度问题，第二点解决了市场问题，而第三点解决的是所有制的问题——也就是解决独立保险代理人自己的问题。

如果只解决前两个问题而没有解决独立代理人自身发展的问题，这份事业同样难以发展。所谓事在人为，事业再好，市场再大，如果与所有制不相适应也是没有价值的。我们从中国的农村市场就可以看出来，天还是那个天，地还是那个地，人还是那个人；所有制改变了，天变地变人也变，变成了年年增产，变成了世界的奇迹。

独立保险代理人实行企业化运行，非常好地解决了独立保险代理人的所有制问题。因为独立保险代理人企业的全部投资都由企业经营者负责，所有的风险都由他承担，所有的经营成果主要由经营者的实力来决定，因此，其企业所有权应当归属于企业经营者，并且可以由经营者一代代传承下去。实行这种全新的独立代理人企业制形式必将彻底打破保险行业的"大锅饭"，充分调动千百万保险创业者的积极性，从根本上促进保险生产力长久的发展。在这里也要提醒那些寄希望于等待别人在社区做好后自己再参与的人，在一个社区开两家保险代理店的情况一般是不存在的，因此，希望所有独立保险代理人都要抓住这次机会，实现自身价值。

二、消解社区创业疑惑，熟悉社区创业流程

独立保险代理人在社区创业就是新建一家为整个行业服务的保险机构，新建一个为所有客户领取保险金的便民店，新增一批为所有家庭保险终身服务的代理人。

独立代理人要实现自己的创业理想首先必须先熟悉自己创业的环境，我们主张社区人做社区事，这个地方就是我们每一个创业者居住的社区。

无论你过去是否熟悉你所居住的社区,也不管过去你如何理解社区这个概念,但现在在社区创业就一定要知道社区是一个微缩的社会,是一个家庭,是一个市场。只有把社区看作一个市场、一个家庭、一个社会,你才能在其中实现自己应有的价值。

我们说一个社区就是一个微型社会,在中国特色社会主义社会中,我们所在的社会都有中国特色社会主义的特点:有党的组织,有政府各部门的组织,有各事业单位的组织;社区同样,麻雀虽小五脏俱全。我们首先要找到这些组织的地点、负责人和其运行方式;而后融入其中,让大家了解你、理解你、支持你;你要成为社区组织的一部分,因为保险保障体系本身就是社区非常重要的一部分。习近平总书记提到,在中国五年脱贫攻坚工程完成后,政府的重要任务就是完善和提高社会保险保障的覆盖面以及服务水平。

社会保险保障事业未来会是社区的重要组成部分,因此,我们进入社区创业后不要把这单纯当作商业行为,它更重要的是完善了社区的保险保障服务体系。原先业务员只卖一家公司产品,而现在进驻社区的独立代理人所代表的是整个保险行业——甚至未来会代表几个行业——因此,我们要成为社区的重要组成部分。若是做到了这一点,未来独立保险代理人就有可能参加社区的各项活动,包括加入社区党组织,参加各类社区会议,社区也会帮助推广保险保障事业。有了这样一种角色身份,在社区发展事业会更容易,更容易被他人理解与接受。这是我们在社区创业发展的一个很重要的前提。

我们应该抱着怎样的心态去做这件事呢？就像革命时期打散了队伍要归队一样，保险人员要回归队伍回归组织；而基层组织的力量是非常强大的，中国抗疫的阶段性成果就可见一斑。因此，我们要想在此创业发展必须要重视社会和组织的力量。

我们说社区是一个大家庭，那么就要了解这个大家庭的类型。

首先是要看看这个社区的区位类型：在城市还是农村，在繁华城市还是一般城市，在市中心还是郊区。其次看规模类型：在周围的社区中规模如何，管理范围边界在哪里，有多少人口。再次看经济类型，经济类型与其地理位置有关，经济发达和贫困的区域社区状况也不同。之后是文化类型，文化程度、价值观念、活动方式及人员喜好等都需要了解。这些类型的区分直接影响着我们创业时许多项目的选择。

社区也是一个市场。我们可以看到社区现在有哪些保险客户，主要买了哪些公司的哪些保险产品，这些产品主要由哪些业务员提供，这个社区未来的客户对哪些公司、哪些类型的产品和怎样的服务感兴趣，等等，也就是说要充分了解和市场相关的讯息。

强调这一点的原因是我们很多独立代理人都没有区域化经营的概念。过去大家都是凭着关系去各家各户打"游击战"，因此，很多人难以适应社区化经营的"阵地战"，社区经营所需要了解的很多内容他们没有概念。因此，我们要想完成从"游击战"到"阵地战"，从关系销售到专业化经营的改变,熟悉社区状况必不可少。

通过熟悉市场,我们要将独立代理人在竞争中的三大优势充分发挥出来。一是成本低,能够在社区内低成本经营。二是销售易,在熟悉的社区中容易与客户建立关系。三是效益好,它低成本高产出,有更大发展空间。继而坚定在社区创业之决心。

(一) 解除创业疑虑

许多人在社区创业之所以不能成功,并不是因为事情本身有多难,而是被自己境遇和头脑中的设想绊住了脚步,致使自己难以更好地起步。

社区创业者最大的担忧有三个方面:

第一个担忧是对时代的担忧。在保险行业中有大量在社区创业失败的案例,尤其有三个例子是人们难以忘记的。第一个是某家保险公司准备投资200亿元做10 000家社区店,并且得到了监管部门的许可,做了3 000家后就偃旗息鼓,难以为继。第二个是某中介公司准备投资2亿元在全国开1 000家"保庄"来贴近客户,两年不到的时间2亿元用完了,却连100家门店都没有建起来。第三个案例是现在的某保险公司在社区开店还算成功,但在全国先后开的10 000多家门店留存下来的不足50%,且这些门店也并非公司投资而是代理人自己投资。从概率来看是50%,但对于投资的代理人而言一旦失败就是100%,因此,现在很多人裹足不前。

有道是大道至简，这三个案例的失败都有其原因。

第一个案例失败是因为其违背了市场分工：厂家开店不符合市场规律，开店是商家的事。我们有时会开玩笑说"你的产品有没有茅台酒好？茅台都不敢在社区开店啊"，这是因为每一款产品的市场受众是有限的，只经营一家产品无法生存。这家保险公司若是将200亿元全部投入到店面建设，其亏损将难以承受。

第二个案例失败是因为想错了店面的功能：开店不是为了销售。销售不需要开店，为了销售开店在目前市场上就是浪费资源。现在业务员上门拜访客户都会遭到拒绝，哪还会有客户主动上门来买呢？所以开店卖保险是多此一举，是浪费成本。

第三个案例失败是因为违反了商业经营规则：越到高层越要专业化经营，身处基层则需要综合性经营。一般企业要走专业化道路。如华为其产品不仅要走向全国，还要走向全世界。一般商家要走综合经营道路，且越是基层越要综合性经营，只卖一家公司的产品是养不活自己的。就像社区的小卖部也都是综合性的小卖部，它卖红酒也卖白酒还卖散酒，既卖酒也卖烟，既卖烟也卖副食，既卖副食也卖瓜果蔬菜，客户需要什么它就卖什么，这就是社区店综合经营的特点。市场调查显示，存活下来的社区店全部为综合经营的店面，凡是按照公司规定只卖一家公司产品的门店最终都难以维持只能关门。

这三个失败案例都有其原因，我们独立代理人之所以成功就是因为解决了这三个问题。因此，独立代理人与先前种种的创业形式有着根本性区别。

第二个担忧是对过时的担忧。随着互联网发展、虚拟商业平台的普及，现在都流行"关店"，那么独立保险代理人为何要"逆流开店"呢？我们应该看到的是市场上关门的店面都有各自原因，并不意味着开店就毫无意义；互联网越是发达，门店就越为重要。线上与线下的结合永远是人们所需要的。

即便网络有所发展，也总有不太适应网络的人。对于中老年客户群体来说，线下的面对面交流更有利于他们了解服务、享受服务；而当紧急情况发生时，近在咫尺的门店服务也远比需要等待传送和反馈的网络平台快速且方便得多。

因此，现在互联网商业的几个巨头都纷纷去线下开店，线下有线上所不具备的竞争优势，单纯的线上服务很难赢得客户的信任，很难让客户有安全感，也很难形成有温度的服务，从而与客户形成坚固感情，若是不开店很容易失去核心竞争力。因此，线下开店不存在过时的问题，是人们的基本需要。

保险保障领域内，线上服务已经越来越多，但线下门店长期空白，因此，独立代理人在社区开店填补了市场的空白，满足了客户的需要，价值难以估量。线上的平台将随着技术进步不断更新换代，是无限资源；但线下的门店始终是有限的，在一个社区中最好的地理位置只有一个，而且社区门店一旦做好了，同类型的其他店再难创业。

第三个担忧是对孤军奋战的担忧。保险公司的业务员可能会觉得自己以前之所以每天能努力奋斗坚持那么久，是因为保险公司有强大的督导和辅导在支持，而现在独立运行后很多人担心自己做不好。

这些人没有看到的是，他在保险公司的工作以销售为中心，但在社区中企业以服务为中心，由服务带动销售。更重要的是当独立代理人这个新生组织形成后，一定会有更多科技企业向它赋能，也一定会有更多的行业为它提供支持，因为它是实现互联网价值的终端，是各行各业进社区的窗口，因此，这些会形成一个为独立代理人服务的产业链。未来独立代理人不会是孤军奋战，而将是一个很强大的市场主体。

（二）开始创业流程

独立代理人在社区的创业流程就是实践服务—销售型的商业流程。我们知道个人保险代理人是销售型商业模式，面向尚未拥有保险的人群，销售之后再销售；而独立代理人创业的起点就是从已经购买了保险但尚未实现保险价值的客户着手，因此，它的业务流程明确且具体，需要三个阶段：

第一个阶段是要了解状况、发现需求，要调查统计社区内有多少人已经购买了保险。

首先要宣传,告诉客户自己在社区内的工作,告诉客户自己为全保险业服务,不止提供一家公司的服务。

还要告诉客户自己的服务重点,让客户了解到自己并非来推销保险的,而是要帮助客户解决领钱的问题。现在很多人都已经拥有了保险,但如今市场上只有销售的人员,没有提供理赔服务的人员;理赔服务是最重要的一环,因此,独立代理人要告诉客户:"我是来解决所有保险客户最关心的问题的。"

在这之后,独立保险代理人还要告诉客户自己的服务方式是在这里设点服务,按企业形式来服务,因此是一个可以信赖的长久的服务。客户最怕"游击队"和"过路郎中",因此要通过这样的宣传唤起客户的需求,解除客户的顾虑。

经过市场调查,这样全行业的服务的确是民心所向,是受客户欢迎的。我们在某小区的物业试点,对方说"若你们真的能提供这项服务,我们愿意免费提供场地",可见现在需要保险服务的人很多。

我们还曾到社区诊所和他们说我们要在附近设服务点,对方问:"你设服务点有什么用,我们又不买保险。"我们回答:"现在我们不是让客户交钱,是帮客户领到钱。因为很多人买了保险不知道去什么地方领钱,我们在这里设立一个为客户提供领钱服务的点,你们愿意吗?"对方说:"这个事好啊,我愿意。"

宣传之后便是要"记账",我们为客户建立一个"保险智能记账本",就是要把客户过去已经购买过的所有保险集中记录在一个本子上，以便随时查找。现在很多人说自己家里买了很多保险，的确是买了很多，有的是电子保单有的是纸质保单。尽管现在有"保险万事通"之类的服务平台，在上面可以通过本人的身份证号和生物识别查找到过去在各家保险公司所购买的商业保险，但是查一次就要登录一次，而且只能查自己的，无法查家人的，很不方便。而我们现在要有一种管理工具来给客户建立保险账本和管理保单，同时，我们也要把发现的社区客户对保险的需求记录下来。

第二个阶段便是要满足客户的需求，我们记录的目的就是为了更好地为客户实现保险价值。当我们统计了包括社会保险和商业保险在内的所有保险后，能更好地分析客户保险保障方面的需求，并有针对性地提供服务。

比如说，有些人需要保单维护方面的服务，到期还未缴费的保单需要缴费，已经失效的保单要尽快复效，保单有信息变更的需要尽快办理。

除此之外，如果有到期的保单，我们可以提醒客户去领取；有些分红险，我们可以把红利转到客户指定的账上等。这就是我们所说的满足客户保险需求的方方面面的工作，最终目的是让每一张保单都处于有效状态，该维护的维护好，该领的钱领回来。

第三个阶段是发展保险需求。我们在实现客户过去的保险的保单价值的时候，会看到客户所购买的保险保障不足的方面，这些不足是如何形成的呢？是因为在原先个人保险代理人制度下大家多是凭关系购买保险,常常缺乏系统性和计划性,不该买的保险买了很多,急需保险的方面却没有覆盖到。

我的一个亲戚是个个体经营者,原先在买保险的阶段和我约法三章:你不要找我买保险,因为我现在买的保险都是有业务关系的人。他的确有钱,也有保险意识,年缴保费10万多元钱,但是我们发现他所购保险98%是分红保险,是理财保险;而应有的保障型保险只有2 300多元钱。这就显然与他所面临的风险状况不相称,因为分红保险在保险行业内回报率不是最高的,预定利率不超过5%,他做生意资金的回报率都远高于此。从保障性上看,他属于风险最大的群体,没有参加社会保障,只有最基本的居民保障。他也没有人均保险金额应在50万元以上的重大疾病保障,只有给家中孩子买的不足10万元的重疾保险。这样一分析他吓了一跳,重新调整了自己的保险计划。

目前来看,社会保险是人们投保的首选,社会保险缴全了再考虑其他养老保险。在保险服务的过程中,我们会发现客户由于各方面的原因,出现的各种不合理的保险状况,因此,我们要帮助客户发展和完善家庭保障计划。

因此,我们将独立代理人在社区的服务流程概括为三个步骤:宣传、宣传、再宣传;服务、服务、再服务;完善、完善、再完善。以此不断循环就可以形成新的商业模式,也可以形成有效的创业过程,在这个过程中不断实践总结再实践。

三、准备社区创业资源，学习社区创业经验

创业所需的最大资源就是选好人，要完成上述流程和工作最重要的就是选好人，这其中有两层意思。

一是选好社区的经营者，也就是要选好老板，老板选好了，事业就成功了一大半，老板没选好，事业很难成。

所谓选人和自选就是指我们选择经营者时，要按照监管部门的要求来选择；而经营者要从事这一行业时，要全面地权衡自己的追求、能力与资源是否适合这项工作。

二是要选好服务人员。服务人员也一定要是社区居民，根据行业发展和个例经验，要选择年轻化、知识化、专业化的人员，最好是应届毕业生，这些人是一张白纸，最容易画出最好最美的图画。

我们要选择的人还要有服务意识，要认同这个行业的价值，要能够将个人价值与行业价值结合起来——也就是说要能看到行业的价值，愿意在社区服务。现在有些人好高骛远，忽视基层作用，我们需要选择愿意在社区创业发展的人。

接下来是要找好地点。地点非常重要，地点就是生命，比如麦当劳、肯德基就是因为地点而取胜，它们在火车站、大商场一类人流量大的区域设店，因此大获成功。在社区创业要有所选择，要找到离客户平均距离最近、方便找到、成本适宜的地方。

　　在社区选定的地方最好不要轻易更改。店址经常变动,这对经营来说是非常忌讳的事。因此,我们要选择可以长期稳定发展的地方。

　　当然,我们还要汇集资源。在社区最大的资源就是人脉资源,开店要找好人脉资源,要找到组织,找到各个部门,扩大自身影响;还要找到供应商来提供资源。社区创业就是一个资源汇集的过程,你汇集的资源越多,就越能顺利地在此发展。

　　这些都是日常琐碎事,但是对于创业来说,这些都是举足轻重必不可少的,哪一件事没做好都有可能延缓进程,甚至导致创业失败。

　　我们看到,独立代理人是一项全新的事业,且正处于一个不断创新、不断学习、不断激励的过程。独立代理人一定不要孤陋寡闻,也不能闭门造车。在现代社会中我们要虚心学习各方面的经验才有利于自身的发展。

　　对于社区创业来说,有哪些经验值得学习呢?

　　首先是学习在本社区创业成功的其他行业的经验。我们和其他行业商业模式不同,但服务的客户是相同的,因此,要学习他人的社区创业经验,将他山之石为己所用。

　　其次是学习外地同行的创业经验。独立代理人制度是全国性的制度,它现在很快就要在各地生根开花,改变世界的力量是人民的力量,社会上大家的经验是宝贵的,我们始终要对行业内人士保持关注。只要有这方面的意识,这方面可参考的资料还是很多的,发现了好的地方就可以学习，充实自己。

再次是学习自己的经验。我们很多独立保险代理人是社会精英，很多人有自己在别处创业的经验，包括原先从事个人保险代理人的经验，这些都是可以学习的。在社会中这就是与人打交道的事业，成功的方式方法都是相近的。要总结自己的经验，汲取可用的成功之处。

总而言之，社区创业的过程是学习的过程，是自我认识的过程。因此，管理学上有一句话：创业的过程就是创业者本人的思想和能力提高的过程。因此，本人能力的提高决定了创业能力的提高；学习速度的快慢决定了创业速度的快慢——在改造客观世界之前，我们要先改造自我。

他人无法教你创业成功，只有不断从实践中学习，在学习后实践的人才能成功。

第五章

"独代"拥有客户的
"五家"秘方

独立保险代理人是经营客户的，个人保险代理人是经营代理人的，经营代理人的方式经营不了客户，经营客户的方式也经营不了代理人，两者是有着本质区别的。

管理大师彼得·德鲁克说："企业的首要任务就是创造客户。"对企业来说，创造客户比创造利润更重要，企业经营的真谛是获得并留住客户。

由此看来，对于许多独立保险代理人来说，现在需要告别的是他们曾经熟悉的保险代理人经营方式，现在需要重新学习的是他们从不熟悉的客户经营方式。实现这个经营方式的转换绝不是一件容易的事情。

其成功的关键在于，独立保险代理人是否能够从思想上真正做到以客户为中心，以客为尊，以客为上，以客为大；在心理上是否能够做到想客户之所想，急客户之所急，帮客户之所需，给客户之所利；在行动上是否能够了解并解决好当前客户最关心的难点、痛点、利益点和期望点。

更具体而又形象一点地说，独立保险代理人进驻社区以后，能不能够成为本社区所有保险客户心中的"娘家"、保险单证的"管家"，保险理赔的"专家"，保险投保的"行家"，保险司法的"赢家"。"家家"俱全，一切皆顺。

一、成为社区保险客户的"娘家"

人人希望有个家，事事希望有个家。人有再多的奢望，事有再大的追求，首要的还是要有一个温暖的家，要有一个成事的家。对于社区保险来说，这个家就是独立保险代理人之家。

它是为整个保险行业服务的，是为各家保险产品经营的，是为所有保险客户办事的；它是所有保单之家，是所有保司之家，是所有保户之家；它是在社区驻留的保险人、终身的服务者、永远的家。

它是一个理想的家。它在社区应该有一栋楼，像社区医院一样，像社区学校一样，因为它与它们一样重要，是每一个人都需要的地方。

它又是一个现实的家。它在一段时间内可能只有一间房，甚至只有一张桌子大小办公的地方。因为它没有国家投资，没有集体出钱，也没有别人赞助，它要靠自己的智慧、力量、努力。有道是靠山山崩，靠水水流，靠己己在，靠自己才能建成一个长久的家。

它更是一个真实的家。因为它有其名。这是一个客户向往已久的名字，这是一个国家十分重视的名字，也是一个让人大有可为的名字——独立保险代理人。

独立保险代理人要做的第一件事情，就是树其名。把这个金字招牌挂出去，挂到最显眼的地方，比如社区门口，业主进出要道，在所有客户能够看到的地方。低头不见抬头见，忙时不见闲时见，无事不见有事见，成为社区标配。

经营客户首先要把自己展示出来，打出品牌，让大家知道我们可以解决问题，也可以给大家提供帮助，提供了解保险知识的场所。让独立代理人成为社区所有保险客户的"娘家"，就是指要像娘家人对待出嫁的女儿一样，对方需要什么你就置办什么，要彰显你自己。

其次是让大家了解你，让大家知道你姓甚名谁，要让大家看到你，然后人们才会在遇到问题时想起来找你。要将保险服务与保险客户结合在一起，我们要以"娘家"这种定位，以社区这个场地，以服务这种内容，给大家带来好处。

第二件事情是讲其义。其中最重要的一点，是要告诉客户你到社区来是做什么的，你不是来让他买保险的，你是来帮助他领取保险金的；要告诉客户，这些年这些人买了这些保险都到了需要领钱的时候，这里就是这样一个领钱的地方，个人保险代理人是让保户交钱，独立保险代理人是帮保户领钱。

实践证明，当义讲到这个地方的时候，没有一个不欢迎、不叫好的。有个社区诊所医生说，请你把这个点设在我这吧，病人输液没有事情做，正好可以看一看他们关心的事，你们这件事做得太好了；有个社区主任说，请你就设在社区便民处吧，社区办公地方多，客户经常投诉这方面的事，我们也没有办法解决，这样的事情以后肯定会越来越多，我们这样做可以为人民做点实事。

第三件事是展其形。传统方法比如像"职工之家""运动员之家"那样，成立"保险客户之家"或者是设计一些服务优惠活动，通过会员制的方法将大家联系在一起。在这个地方张贴有保险法律法规、保险服务项目、保险产品介绍，客户关心的热点、痛点问题等，在这个地方组织专家讲座、开展客户联谊活动，接待客户咨询办理各项事宜。

保险之家之现代形式有企业微信、个人微信、微信群、朋友圈等，通过这种形式又与社区的、个人的微信群、朋友圈联系，再通过他们与更大范围联系在一起，即使你在外地、在再远的地方，只要你是社区的人，只要你关心社区的事，你就是社区保险之家一员。随着信息化、智能化发展，保险之家的形式也会更加人性化、科学化。

第四件事是务其实。社区保险之家的宗旨是为客户提供最新的保险资讯，提供最暖心的保险服务、提供最实惠的利益好处。保险之家的经营就是把这些项目落到实处。

比如社会保险有哪些好政策，商业保险有哪些好产品，保险公司有哪些好服务等相关信息，保险之家要在第一时间让客户看到。国家鼓励居民养老"多缴多得、长缴多得"的政策，让很多居民提高了保险缴费档次。

我们可以用很多形式来普及保险知识，比如"保险图书馆""保险政策汇编""经典案例讲座"等。保险销售的过程实际上也是保险教育的过程,保险的教育更多需要在日常生活中进行,不能等想听了再听。过去个人代理人也是给客户讲,但是他们讲的时机不好,目的也令客户不快,客户不想买保险。

而不带任何个人盈利目的去举办一个保险知识小课堂——这里没有一个不是客户关心的内容,没有一个客户咨询的问题不能解答,没有一种市场上最新的产品无法展示,没有一项最新政策不去说明;这里所展示的、所说明的,都是客户所需要的,所欢迎的。

客户有哪些疑问需要解答,有哪些事项需要办理,有哪些资金需要领取等各项需求,保险之家会在第一时间为客户办理。例如,有些慢性病可以不加费购买重大疾病保险,这一利好信息就让许多人参加了此项保险。

还有比如市场有哪些优惠信息,有哪些免费服务,有哪些赠送礼品等利益,保险之家要在第一时间让客户知晓。免费体检、免费车检、免费旅游、免费知识讲座等在社区进行,不少人也乐意参加这种集体好玩的活动。

即使是客户的一次有意义分享也不要让想关心的人错过。比如有一个客户说他觉得重大疾病保险真有用。他治疗重大疾病花了37万元,社保报了33万元,余下的费用单位又给报了,保险公司还给了49万元。这个案例让很多客户改变了原来"以为重大疾病保险没有什么用"的看法。

当然,还有一些行之有效的方式,比如每周一、三、五组织一些活动，尤其是最开始的时候一定要创造有趣的氛围，有趣可以改变人们的心情，心情可以改变人们的向往，这是一个自然而然的过程。这样就与客户形成了一个互动的氛围，不光是客户与我们之间动起来，客户与客户之间也要动起来。这就是一定要做的、做了一定有效的一项经营工作。

比如说有个客户在某家保险公司办理了赔付，体验不错，他就想把这次的体验借保险之家这样的平台向其他人分享；又比如说有人现在想买一份保险但是不知道怎么买、买什么好，这样的问题也可以在此交流；有些人关于政策变动不清楚的，也可以在这里提出疑问。现在还没有人提供这个空间，因此，经营客户就是要把社区服务中心建设成保险客户的"娘家"。

保险是一种氛围，是一种常态，是一种生活，保险客户之间借此平台相互交流也将极大地推动独立保险代理人的事业发展，客户应当知道的问题都可在此得以解答。

现代人需要一个空间，保险也一样，需要在这个空间看看别人展示自己丰富多彩的保险生活，这些生活方式很有价值与意义，有价值的东西人们才会去时常关注。

二、成为社区保险单据的"管家"

保险单据是保险合同的重要组成部分，是领取保险金不可或缺的重要凭证,也是家庭一项重要的金融资产。当约定保险事件发生时,其价值远大于等额的银行存单价值,在保险事件没有发生时,其现金价值又弱于存单价值。保单与存单最大的区别在于,存单价值是长期不变的,不管你取不取其价值都是存在的;保单价值是变化的,尤其是保障型保单,没有按期缴费的保险单(失效保单)是没有保险价值的,从管理角度看,对保单的管理比对存单的管理更加重要。

然而,现在一些家庭对保单的管理并没有对存单的管理那么重视。对存单的管理视同现金管理,对保单的管理视同合同管理。开始一两份合同大家还比较重视,后来卖保险的人越来越多,家里保单也越来越多,保单的管理也越来越弱。一般情况是家里有多少亲朋好友在卖保险,家里就有多少家保险单,有产险的,也有寿险的;有长期的,也有短期的;有电子的,也有纸质的;有身边的,也有外地的;有有效的,也有失效的。据不完全统计,失效保单占所有保单的两成以上,永久失效占所有保单的一成以上。还有保单有效,保险事件也发生了,不知道这件事的也不少,尤其是短期险种,曾经有过一例公园责任险,一老人因为不知道有这个保险,而错失了领取20多万元保险金的机会。可见保单管理有多么重要。

保单管理是一项民生工程,又是一次巨大商机,在发达国家人均长期寿险保单有6件以上,各种短期保单更多,其资金总额占全社会机构投资总额的四成以上,可见保单数量与金额之大,可以形成一个庞大产业。独立保险代理人只要做好自己的事情就可以创造出极大的社会效益和经济效益。

越来越多的保险机构在关心这项服务，如国福家庭保险销售服务公司与科研部门和大专院校及平台共同开发出一款《双保通家庭保险智能记账本》(已经通过国家知识产权局的审查，专利号202010232970.x)，成为管理千家万户保单的有效工具。

《双保通家庭保险智能记账本》是一件家家必备、简单适用、超值回报的智能化保险账务安全管理工具，帮助保户记账、查找、分析家人的社会保险和商业保险信息，以作出可靠的财务安排。小账本，大作用。

一账在手，什么都有。既有社会保险信息，又有商业保险信息。再也不用到各家保险公司和各地社保局的网站上去查找保险信息了。虽然各家保险公司为客户查找保险单提供了很多方便，但是每次都要核对相关信息也不方便。例如，一位爷爷2010年为其孙子投保一份保险，现在要通过保险公司查找相关信息，爷爷去查找保险公司需要父母身份，父母去查找又不知当时爷爷投保时的投保地址、开户银行信息，其实保单随时要查，还是自己手上有一个账本方便。

一账在手，一清二楚。家里每一个人保了什么，保了多少，是否科学合理，一清二楚。以前是保多了浪费资金，保少了留下遗憾，记账本帮您做到刚刚好。过去投保过程中，有人像是在讨价还价，个人保险代理人是从多的向少的说，客户是从少的向多的砍。智能记账本为每一项保险提供了一个市场平均水平，让客户自主选择，这样既切合实际,又有科学依据。

　　一账在手,后顾无忧。有人提醒,有人服务,有人管理,如果您确实忘记了,还有人帮您垫缴保险费。保险费断缴是保单失效的罪魁祸首,防不胜防,唯有取用保险费垫缴功能方能万无一失,这是一项需要创新的服务项目。

　　三大功能,助您无忧。

　　(1)记录与管理功能。基于安全可靠的区块链技术,它能够把您家过去、现在和今后在各家保险公司、各地社保局投保的保险信息,集中在您家账本上,供您和家人在手机上自存、自查、自看、自管理,且无泄密、无篡改,永久保存,受到法律保护,且有法律效力。

　　(2)智能运算功能。它能对每个人的保险信息进行分类、汇总、核算和管理,供您对保险项目、保险水平有个科学规划,其账本数据未来可与银行、医疗、养老、政府部门共享,完成保单资产价值化。

　　(3)线下服务功能。每一个独立保险代理人,都是您身边的"社保局",身边的"保险公司",随叫随到,随到随办,让您和家人省心、放心和称心。

　　成功案例。有一个九口之家,户主和爱人原是国有商业职工,1998年改制后社会保险断缴,儿媳自主创业,历年来购买了17份商业保险,年缴保费是109 888元。其中理财保险15份,年缴保费104 931元,占比95.49%;保障型保险2份,年缴费4 957元,占比4.51%。保险账不记不知道,一记吓一跳,保障型保险严重不足。于是，全家人补缴和重新办理了社保，每人投保了60万元重大疾病保险，解除了后顾之忧。

现在有很多高科技技术能帮助我们实现保单的管理，独立保险代理人只要选择一款适用有效的管理软件，就可以对客户进行保险单管理，成为社区客户的保单管家。

三、成为社区保险理赔的"专家"

保险客户从保险公司领取的保险金中，领取的财产保险金叫理赔款，领取的寿险保险金叫给付金。不管是给付还是理赔都是客户的刚需，就如前面说过"投保是为了领保"，"交小钱是为了领大钱"，个人保险代理人帮客户交钱，独立保险代理人帮客户领钱，共同形成一个保险价值的闭环。

因此，领钱是结果，交钱是开始。能不能善始善终，将这个价值环闭上，将这个效益链锁好，让客户领到保险金至关重要。事关前面无数个人保险代理人的努力能不能结出丰硕成果，事关后面独立保险代理人有没有未来，唯此唯大。

专家既是客户的希望，又是独立保险代理人的责任。为了不辜负客户希望，不失去自身责任，独立保险代理人成"家"的路光荣而又艰巨。

首先要知己知彼。知己就是理赔这一课。就是要把每一项保险的保险责任与除外责任搞得一清二楚。这可是独立保险代理人的看家本领,千万不可大意。因为大部分独立保险代理人都是从个人保险代理人走过来的,过去你们了解的保险责任与除外责任都是条款性的,现在更多需要的是实战性的东西,从条款到实用是一个理论到实践的过程,只有把过程走熟了,才能为客户做出更多实事。比如什么叫全残,什么叫半残,都有着科学界定,需要去具体学习与掌握。当然学习也是一个过程,但要完成一个过程,你必须要像医生看病一样,一点一点去积累才能完成。只要有这种精神,日积月累就必然可以成为一个理赔专家。

知彼就是要知道社区购买了哪些保险,需要哪些理赔,然后才是怎么理赔的事情。哪些保险需要理赔是一个信息收集工作,如果我们如上所述,能够为所有家庭都建立了一本家庭保险智能记账本,这个信息就全部拥有了。

如果一时还不能建立这个账本,也要协助客户把所有保险单信息整理完毕。这里有两条途径可行。一是协助客户登录"保险万事通",这是保险行业官方汇集各家保险所有信息以后的官方查询平台,据说很多短期保险如航意险,甚至赠送险都有,完成客户商业保单信息的汇集与整理;二是协助客户登录全国社会保险统一查询服务平台,在这里可以查到所有人的职工社会保险、居民社会保险等全部信息,同样将所查到的每一个人的投保截图保存下来,迅速为客户建立起一个社会保险记账本。当你把两本账记好了,就完成了保险理赔的一项最重要的基础性工作。

第三件事，是学会准备索赔材料。先把各家保险公司的理赔规矩搞清楚，最好是把它整理成一个手册，随要随查更方便。独立保险代理人也可以借鉴一些社会上已经编辑好的手册。如国福家庭保险销售服务公司就已经编辑了汇聚有96个理赔事项的《社会保险服务手册》和《商业保险服务手册》，如在《社会保险服务手册》中，国家政策、适应对象、属地管理、所需材料、线上网址、线下店址、办事指南、材料来源等信息要求一应俱全，可以参考办理，以后再在实践中去完善。

第四件事，选好服务平台。独立保险代理人在社区要为所有客户提供服务，要为所有项目提供服务，仅以一店之力肯定是不够的，但不用担心，这也是一个巨大商机，一定会有许多靠谱的第三方服务机构为你提供服务，实现"前端受理，后端办理"的新模式，独立保险代理人解决好客户问题、受理问题，后台为你解决办理问题，后台会与各家保险机构系统相对接，让信息多跑路、让人少跑路。未来保险服务最难的一定不是线上问题，而是线下问题，线下获客的问题，有了客户什么事都好办。独立代理人解决服务的"温度"问题，后台解决服务"速度"。诸事皆熟能生巧，保险理赔也会一样。

四、成为社区保险司法的"赢家"

这个赢家更多的是给客户心理上的一种安慰，而不是真要事事鼓励客户去打官司。相吵无好言,相争无好事。因此,独立保险代理人进社区不仅不鼓励打官司,而且要以减少打官司、不打官司为标准,置所有法律纠纷于未始而成为赢家。

首先要普法。保险法及其相关的法律与行政法规,是未来调解民生纠纷的一个重要领域,因为今后无事不保险,无事不涉法。所以普法不仅是国家每年普法活动的形式,而且要成为独立保险代理人进社区的一项日常工作,一方面倒逼自己学习提高,一方面让客户掌握更多知识。而案例教育是最好的方法,现在保险判例越来越多,越来越丰富,越来越有教育意义,独立保险代理人要利用保险之家这个空间,比如一周一案,每月一案,不仅丰富了微信群的内容,而且是吸引客户开展普法的最好形式,长此以往皆大欢喜。

第二要守法。这是独立保险代理人日常工作中要始终坚守的。保险合同是甲乙双方必须履行才能有效执行的事情。一方不履行而只强调另一方履行是不对的。过去许多客户对保险公司的抱怨虽有道理,但并不全面。比如一客户因保单欠费而失效,客户埋怨保险公司不提醒,保险公司怪客户电话号码变更不告之。你说是谁错,肯定是客户错在前面。客户也有道理"我以为缴费期结束了"。因此,做好各自的事情是守法的一个前提。独立保险代理人既要向客户讲清楚他应该做什么,同时又要为他们做什么。根据现有统计数据判断,客户把该做的事情做好,保险法律纠纷会大大减少。

第三要"执法"。还有些纠纷出现也不一定要打官司。独立保险代理人既不能为了保护客户利益而编造理由去赢取官司，也不能惧怕得罪了上家保险公司而让客户蒙受损失。独立是独立保险代理人区别于所有人的地方，也是自己的金字招牌，又是自己处理纠纷的独特优势。同样一件事情，独立代理人说和保险公司说，对于客户来说是完全不一样的。独立保险代理人作为社区保险理赔专家说不能赔，客户会感觉到确实不能赔，而没有什么意见；但保险公司说不能赔，客户就未必信服，这时，独立保险代理人才是最好的"执法者"。

当然，保险公司倘若确实该赔而不赔的话，建立健全家庭法律服务体系也是独立保险代理人的重要工作之一。此时，独立保险代理人只要发挥"桥梁"与"纽带"的作用就好了，现在已经有热心的第三方法律服务平台可以免费先为投保者打官司，官司不赢不收费，独立保险代理人只要选择好第三方服务机构并帮助客户做好应做的工作，就是真正的保险理赔赢家。

五、成为社区保险投保的"行家"

销售保险虽然是独立保险代理人收入的主要来源，但一定是独立保险代理人最后才做的事情，而且是被客户要求来做的事情，即"主动服务，被动销售"的商业模式，反之如果还是"主动销售，被动服务"的模式，也是做不长的。

伴随着人们经济水平的提高、保险意识的增强，需要保险的人必然越来越多,客户的服务做好了,得到了客户的信任,客户自然会来找你买保险。国内外独立保险代理人的实践将会证明,客户找独立保险代理人购买保险绝对不是问题。独立保险代理人能不能为客户处理好保险才是大问题。就像病人找医生看病一样,不是有没有人找你看病,而是你能不能为客户看好病。这才是所有独立保险代理人需要考虑的问题,比如说你为客户选择的险种,是不是客户最先出现的风险;相反,有风险的你没有保,没有风险的你保了不少,这才是最大的问题。还有保险金额是否适当,保障是否全面;规划是否合理,动态是否平衡等。久而久之,事事不如客户所意,你专家的名称不保,才是最难的事情。

独立保险代理人在社区里不仅要成为某一方面的专家、某一群体的专家,而且还要成为社区所有家庭的保险专家,要成为家庭一代代人的专家,要成为整个家庭保险保障服务体系建设方面的专家。这是一个实践过程,也是一个长期过程,加上更多独立保险代理人就是卖保险出身的,在此就不赘述了。

总之,客户是"摇钱树",客户是"播种机",客户是"整容镜",客户是"宣传队",客户是"撒手锏"。时代已经将社区客户全部托付给你了,现在就看每一个独立保险代理人的自我造化了。

第六章

"独代"多元创收的
"三大"领域

前面我们说过，要在社区经营，要经营客户，单一的经营项目不适合在社区经营，因为它覆盖不了成本，只有综合经营才能够盈利。同时，现在的服务项目很多是不收费的，其价值要在很长时间之后才能实现，因此必须长期经营才有收益。

独立代理人必须进社区经营，又必须采取服务—销售型的商业模式，因此，要想在社区实现经营目标就必然要用新的思路、新的项目、新的方式实现综合经营，才能实现长期创收。

一、开启多元化创收思维，开启社区宝库

思维决定出路，互联网时代是一个思维开放的时代，也是一个打破传统思维方式、开启新思维模式，给人们更多想象空间的时代。比如互联网思维、知识付费思维、服务收费思维等具有代表性的思维方式。掌握这几种思维方式有利于解放经营者的思想，丰富经营者的思路，促进经营者尽快找到在社区发展的突破口。

互联网思维是一种非传统的思维。"种瓜得瓜、种豆得豆"是传

统思想，在他们看来经营就是一项收入必然来自一项成本，收入与成本之间是一一对应的关系，而且亘古不变。互联网思维则是"种瓜得豆、种豆得瓜"的思维方式，比如说发微信不收费，打电话不收费，看电视不收费，听歌也不收费；但他同样能够通过其他收费项目赚得盆满钵满。

那么这个原理是什么呢？客户的消费是多项目消费，有的项目收费，有的免费；用不收费的项目吸引客户，用收费的项目增加收入。这种思维方式对于我们在社区实行服务—销售型的商业模式无疑有很多帮助，所以我们认为独立代理人在多元化创收的过程中要不断开启这种思维方式。

第二种思维方式就是知识付费的思维方式。知识付费的思维方式是什么呢？是把现在市场上流行的免费项目做成收费项目的思维方式。

这种方式很重要，在一些知识普及的平台上原先通过其他项目来收费的"免费"项目，也可以转变成为收费项目。比如有些人在这类平台上的个人消费就能达到几十万这样令人难以置信的金额，这种思维的意义在于他们认为收费与否是由项目本身的价值所决定的，只要有价值，客户就愿意付费。因此，我们不要把经营的重点放在收费与否上，而是要考虑你的项目能否为客户创造最大价值，要把自己的思想从考虑收费转移到考虑价值上。

这种思维方式对我们在社区经营创收很有好处，因为我们在社区面对的都是终端客户，我们提供的价值就是客户的价值，它非常直接,也能充分体现价值的大小。因此,我们只要把思维的重点放在创造价值这一点上,未来我们就会在社区经营上开拓更大的领域。

第三种思维方式是服务收费的思维方式。服务收费的思维方式是一种灵活的思维方式,也就是有些项目收费,有些项目不收费,打破一个"固值"的观念。我们很多人容易走向极端,说收费就每个项目都收费,说免费就所有项目都免费。服务收费就提供了一种灵活的思维方式,也就是在所有的服务项目中区分各种项目,要因时、因地、因人来把握这些事:适合收费的就收费,不适合收费的就不收费,适合多收费的就多收,适合少收费的就少收。

这一切的前提是我们给客户创造了价值,在社区经营中我们一定要更为灵活地进行服务,而不要死板为之,或是单纯模仿他人的收费方式。这些事说起来容易做起来很难,因为它没有一个准确的"什么是好什么是不好"的标准,而是"适合就好",因此很难把握,需要长期的过程。

但正是这种不确定的、难以把握的方式才更具市场魅力,更有市场竞争力。别人看不懂你,就给了你机会;反过来说我们一定要让别人看不懂,这样别人才难以模仿,你才能脱颖而出,比竞争对手更灵活,更容易取得胜利。

当然,在社区经营还有很多思维方式,我们所说的这三种方式可以给我们提供一定的参考;我们首先掌握了这三种思维方式后,才能举一反三,引出更多的思维方式。

二、丰富多元化创收项目,挖掘社区宝藏

只要把握了上述思维模式,我们就可以在社区里建立很多经营项目。这些项目大致可以分为两块。

第一块是本职的经营服务项目,就是自己业务上的经营项目;第二块是增值性的经营项目。无论是本职性的经营项目还是增值性的服务项目,只要运用新的思维方式都有无限的发挥空间和无限变化的可能。

我们先从基本的经营项目看起。有哪些项目呢? 从服务和销售的角度看,应该有保险的服务项目和保险的销售项目;从服务上看,它既有商业保险的服务又有社会保险的服务。

在社区内要实现服务创收需要把握好几个要点。

第一个要点是要提供基本服务项目,要把现在社区内应有的基本服务项目建设好。也许我们不知道这个项目具体有多少,但是可以借鉴和学习更多已经开展这类收入项目的公司的经验。总结各地的收入项目,我们列出了99个服务项目,如表6-1至表6-4所示。

表6-1　人寿保险服务工时参考表

类　　别	服务项目	服务时间 / 工时
变更类	投保人变更	0.5
	受益人变更	0.5
	联系方式变更	0.5

续　表

类　别	服务项目	服务时间／工时
变更类	客户签名变更	0.5
	客户信息变更	0.5
	缴费频率变更	0.5
	付款信息变更	0.5
	性别年龄变更	0.5
	补充告知	0.5
	红利领取方式变更	0.5
	生存金领取方式变更	0.5
	自垫选择权变更	0.5
	投连险账户转换	0.5
	保单迁移	1
权益类	投连险追加投资	0.5
	万能险追加投资	0.5
	生存金领取	0.5
	保单红利领取	0.5
	生存金自动转账	0.5
	投连险部分领取	0.5
	万能险部分领取	0.5
	满期金领取	0.5
	保单借款	1
	保单还款	0.5

类　　别	服务项目	服务时间／工时
权益类	撤单（犹豫期退保）	0.5
	保单退保	0.5
	保单复效	1
	追加险种	1
	取消险种	0.5
	保单补发	0.5
	报案理赔	1
查询类	保单体检	0.5
	保障规划	1
	红利查询	0.5
	生存金查询	0.5
	万能账户查询	0.5
	投连账户查询	0.5
	续期缴费查询	0.5
	现金价值查询	0.5

表6-2　车险与非车险服务工时参考表

类　　别	服务项目	服务时间／工时
车险类	车辆信息变更	1
	车辆保险过户	1
	车辆性质变更	1

续　表

类　　别	服务项目	服务时间/工时
车险类	增加险种	0.5
	增减保额	0.5
	保单信息变更	0.5
	交强险退保	0.5
	商业险退保	0.5
	补打保单或补领电子保单	0.5
	保单查询	0.5
	保单验真	0.5
	理赔申请	1
	理赔查询	0.5
非车产险类	个人资料变更	0.5
	团体资料变更	1
	受益人变更	0.5
	增减保额	0.5
	保单退保	0.5
	保单地址变更	0.5
	保险人员变更	1
	保单信息变更	0.5
	理赔申请	1
	理赔查询	0.5
	保单查验	0.5

说明：① 工时费参考价：200元；② 年卡客户享受半价；③ 咨询免费；④ 服务卡年费参考价（以家庭为单位）：四线农村为198元，一线城市为498元，各地根据情况选择标准，年费包含商保和社保；⑤ 统一用双保通收费（二维码收费）。

表6-3　社保服务工时参考表

个人服务项目（27项）	服务时间/工时	备　　注
"五险"代缴	1—3	月缴1工时、季缴2工时，半年缴3工时、年缴3工时
"五险一金"代缴	1—4	月缴1工时、季缴2工时，半年缴3工时、年缴4工时
"五险"补缴	1—2	月缴1工时、季缴2工时
"五险一金"补缴	1—2	月缴1工时、季缴2工时
社保开户	1	—
公积金开户	1	—
提供社保参保证明	1	—
社保跨区转移	1	—
社保跨省转移	3	—
社会保障卡（医保卡）协助申领	1	—
社会保障卡（医保卡）发卡进度查询	0.5	—
二次申领社会保障卡（医保卡）	1	—
缴费明细账单生成	0.5	—
公积金基数调整	1	—
公积金账户转移接续	2	—
公积金跨年清册申报	1	—
公积金系统信息变更	1	—
医疗费用报销	1	—

续　表

个人服务项目（27项）	服务时间/工时	备　　注
失业金申领	2	—
生育津贴申领	1	—
公积金贷款申报	1	—
一次性领取养老金（含转城乡居民养老保险）	1	—
持《外国人工作许可证》的外国人社保业务办理	3	—
异地居住人员领取社会保险（障）待遇资格协助认证	2	—
权益记录和账户管理	1	—
养老金领取金额复核	1	—
医疗保险报销复核	0.5	—

说明：① 工时费参考价：200元；② 年卡客户享受半价；③ 咨询免费；④ 服务卡年费参考价（以家庭为单位）：300—500元，年费包含商保和社保。

表6-4　企业社保服务收费参考表

企业社保服务项目（9项）	服务价格（按人数收费）
代缴社保（含社保增员减员、核定基数、信息变更、医疗报销、申领生育津贴等后续服务）	40元/人/月，每月最低收费400元，超出400元的按每人每月40元收费
代缴公积金（含公积金增员减员、核定基数、信息变更、提取等后续服务）	40元/人/月，每月最低收费400元，超出400元的按每人每月40元收费
代缴社保和公积金（含代缴社保和代缴公积金的所有服务）	60元/人/月，每月最低收费600元，超出600元的按每人每月60元收费

企业社保服务项目（9项）	服务价格（按人数收费）
补缴社保（补缴近3个月的社会保险费）	60元/人/月
补缴公积金（补缴近12个月的公积金）	60元/人/月
代办退休	3 000元/人
工伤认定	3 000元/人
申领工伤保险金	300元/人
建筑企业工伤保险一次性趸缴	500元

国福家庭保险销售服务公司就社会保险和商业保险提供了这些可供参考的项目，这些是基本的服务项目，我们可以根据本地市场的情况再增加一些项目，也可以去掉客户不需要的项目。最终将决定的项目张榜公布，明码标价，标价的内容这张图表也提供了基本思路。关于收费方式，有些是一次性收费，也有分项收费，但收费的前提是保本微利。

这些项目推出后我们要运用那三种基本思维方式来规划收费金额以及各种收费方式的区别，要有基本的工时费，而后根据市场反应和实际价值的大小进行不断完善，从而推进服务项目在社区的发展。

服务是独立代理人的根本，是独立代理人的立足之地，所以我们要倾注大量心血。前期可能没有很多收入，甚至有些是免费项目，但是我们不能因为它的收入少或没有收入而轻视它、不做好它。

在这一点上我们一定要有"互联网思维",所谓"互联网思维"就是先有客户后有收入,只有服务好客户,他才会在你这里消费更多。

第二个要点就是产品的销售。产品的销售又分为财险、寿险、车险、责任保险等很多项目,其中寿险的续收项目,在现在与未来都是社区经营收入的重点。从相关数据上看,续收在每个社区平均每年有70万元左右的收入,如果我们能做到10%,那么每个社区每年就有7万元的收入。这个环节现在都是由保险公司的续收专员来完成的,但随着个人保险代理人的新保业务数量逐步下降,代理人会越来越少,因此,续收任务必然要转移到社区来。

因此,独立保险代理人一定要把握好续收这种存量收入的机会。如何把握这一机会呢?要利用自己和客户关系比较好这一点,先把这些续收的数量摸清楚,然后再去了解这个续收能不能收取,能收取的话该收取多少,考虑这样的可能性和规模。从一个个客户的续收开始做起,因为这项业务涉及保险公司的存量客户,保险公司在没有信任你之前很难把这项任务交给你。因此,要想赢得这项任务,就要先做好了以后,再去和保险公司争取;也就是说你先要做好,之后才能得到保险公司的委托。

这种关系一旦形成,这个市场就能给你一个稳定的收入,而且会给你提供更多和客户结交的机会。

第三个要点是带动寿险新保的销售。寿险的新保销售在社区里的市场很大,从有关调查情况看,社区里现在拥有全部寿险覆盖率在城市不到30%，在农村不到20%。也就是说，在城市还有70%的人需要购买寿险，在农村还有80%的人需要购买寿险。尤其是保障型险种，需要的市场空间更大。

因此，独立代理人在做新保的过程中一定要从保障型的险种做起。保障型险种给客户的保障是确定的，不存在误导，也不会随着保险公司经营状况的好坏而发生变化，但是买理财险、分红险的风险就很大。大在什么地方呢？大在回报率是过去的数字，未来不一定能实现。当你宣传的回报率与实际回报率不一致的时候，客户会有意见，这意见会直接影响到业务员。为何现在业务员越做越难呢？就是因为我们很多保险业务员尤其是销售分红险的业务员根本不敢见客户，见了客户躲着走。客户会说"当初你说的回报率现在没有了，你不能骗我"。这样就为长期经营留下了隐患。

分红险好销售，因为目前中国人的风险意识不是很强，风险意识和理财意识相比较，人们更看重的是理财，因为理财是当前的收益，看得很明确；风险是人们不喜欢、不愿意发生的事，所以人们有一种自然的回避倾向。

但是，我们独立代理人是要在这里长期经营的，能履行的才能说，不能履行的千万别说，更不可夸大。这是独立代理人与个人保险代理人最重要的一点区别。

只要把保障型险种做好了——第一，因为它的回报是确定的，而且是很高的，所以会形成良性循环，客户以后会感谢你；第二，你的品牌效应会很快形成，因此，在做长期寿险的过程中，我们要明确我们的重点是保障型险种。

第三大保险是车辆保险。车辆保险也是市场竞争最激烈的一种保险，一辆车的保险常常有几个业务员在争抢。现在的市场竞争又不是很规范，常常出现返利的状况，就是给客户很多好处，他们为了上规模、拉保费就给客户返利。

那么独立保险代理人在社区如何经营好车险呢？其中一点就是要打"理赔服务"牌，把服务做上去，说我们的服务最方便、最及时。因为这一点是所有个人代理人都不具备的，一定要用自己的强项来与其他代理人的弱项比；要告诉客户这个"返利"是很少的。如果服务不好，未来遇到的麻烦是很多的。

我们要公开表明：我们不返还手续费。因为返手续费是违法的行为，《保险法》严格规定不能给客户保险利益之外的利益。因此，我们在社区的经营一定是守法经营、合法经营。在社区买车险应该告诉客户最大的好处是风险无忧，而不是能有其他额外的好处；其他非保险的好处都是不长久的、不正规的。我们要公开亮明我们的原则和优势。

开始有可能客户不是很多，但只要你把服务做好了，很多客户慢慢地都会到你这儿来。所以要想经营好车险客户，我们要打服务牌，要打理赔牌。

还有一种很重要的保险就是家庭财产保险。家庭财产保险在国外是很普遍的，而且对客户来说也是很有价值的，因为它缴费少、保障高，能真正地解决客户因为风险而给家庭造成的财产损失。

但是为什么现在卖不好呢？因为这个险种保费很低，手续费更低，低到什么程度呢？低到很多个人代理人看不上它，也不愿意做，因为很麻烦。

这就给了独立代理人一个机会，因为独立代理人总是在和客户打交道，不存在增加成本的问题。相反，它可以分摊成本，哪怕一单只收几十元钱，它也有几元钱收益，而几元钱对独立代理人来说也是一项收入的增加，等于分摊了几元钱的成本。

我们要看重这个险种，这个险种目前来看主要在于宣传，宣传到位后因为其本身具有保费少、保障高的特点，所以也就具有了吸引客户购买的理由，原本因为它缴费低、收益少而个人代理人不愿意销售，现在独立代理人就要抓住这个个人代理人的"弱点"，把这个险种做好。

还有一个险种就是责任险。责任险的范围更多，比如宠物责任险、公园责任险、食物责任险，等等，这些险种也是保障型险种，也是缴费低、保障高，对客户有很多好处。总之，社区的保险有个特点：所有的险种量都不大，所以在社区里我们一定要有"捡芝麻"的意识。个人代理人是"抱西瓜"的意识，到处去找看哪里有西瓜；独立代理人一定要"捡芝麻"，虽然是"捡芝麻"，但是"芝麻"的含金量也很高。

因此,我们一定要从小险种入手,从个人代理人做不好的服务开始,从保险公司关心的项目来做好这项业务,这样就可以丰富社区的基本服务项目。

接下来要说的是社区的增值服务项目。

社区的增值服务项目在目前来看比较普遍的是理财产品,如基金、股票、存款、贷款等。现在我们有几家综合性的保险公司业务员收入的30%已经不是来自主业,而是来自兼职;不是来自基本业务,而是来自增值业务。在国外增值业务的空间也是很大的,也是做得很好的。

客观上看,前文我们分析过一个家庭保险支出的占比只有20%,还有80%是非保险的经营项目,这样就为我们在社区提供了很大的可开拓空间。

那么怎么做好这个增值服务、怎么增加非主业的收入呢?我们一是要了解现在客户购买了哪些理财产品,第二可以从银行在推的理财产品去考虑。理财产品的特点是高利益回报——当然我们希望是低风险——但正常情况下高利益伴随着高风险,我们代理人在社区经营还是适合选择风险不是很高、利益也相对适中的产品。要从各家理财公司、各家银行、证券公司、基金公司中逐步了解这方面的信息。

我们很多人都没做过这方面的业务,现在要做这些业务很重要的就是了解讯息、学习知识、参加相关培训、取得这方面的资格。理财产品和金融产品——银行存款贷款——这些都需要新的资质才能进行，因此，我们要取得这些资质。

还要找好上游的供应商。上游的供应商找好了以后，他会告诉你在市场内如何打开局面，把事情做好。我们认为虽然是基本项目和增值项目、主业和兼职，但这其中客户有很大的需求，所以我们在这类业务中间会产生很多新的收入项目。

美国有家理财公司以股票和基金做到了美国金融市场的前两名，它的经验就是深入社区。一个经理带着一个人在社区租一间房子，就这样用点多面广的优势形成了自身的经营特色。

社区经营的项目空间很大，虽然每一个项目都是一粒"芝麻"，但是把无数的"芝麻"汇聚起来也是一个很有价值的市场。

三、创立多元化创收方式，形成社区宝典

上面说的是我们的收入项目，这里想说的是如何把成本变成收益。前面说的是把收入做多、做细、做活、做好，这一节的内容就是如何把成本变成收入。因为最好的经营方式不仅要开拓更多收入项目，也在于能把成本项目变成收入项目，这是现代经营很大的创新空间。

独立代理人在社区内有哪些成本项目呢？第一要租房子，第二要用人，第三要搞活动，第四要准备很多活动用品。这四项成本项目

都有方式可以转化为收入项目，现在的社区实体经营店已经给我们提供了这方面的思路。

比如说你租了房子以后要装修。现在有些保险公司就可以帮你装修，但是你要给它提供广告位置。很多企业都想在社区内展示它的服务、文化和特色，它本身就有一些社区项目，这些社区项目正好可以成为你变成本项目为收益项目的内容。

再比如说我们用的本子、杯子等，我们很多店内喝水的杯子都不是自己印的，是保险公司印的。一边印服务中心的Logo，一边是保险公司的牌子，不需要你担心，它设计好、印好了发到你的柜面。包括你想印宣传广告、产品介绍，只要有它的内容就可以收取费用。

在社区开展活动是保险公司最喜欢做的事情，通过活动来推销产品，而代理公司本身就没有产品，搞活动也是为保险公司宣传产品，因此，两者可以天然地结合在一起。我们做项目一定要选择好的产品，不要为了节省成本选择了服务不好的公司和服务不好的产品。这样弊大于利：虽然你节省了成本，但客户如果不满意的话未来对你的影响也很大。

所以在这个变成本为收入的活动中，我们一定要选客户欢迎的产品。这里我们再三强调一下客户欢迎的产品并不一定是大公司的产品。因为我们现在的市场里面大公司的产品并不都是价廉物美的好产品，未来市场的差异化会催生出很多很好的产品，我们一定要把这些好的产品都了解到。一季度宣传这家公司的产品，二季度宣传另一家公司的产品，三季度又换了一家宣传。只要把产品选好，品种品类和保险公司是很多的。

还有一部分活动就是服务的活动。我们可以邀请保险公司在社区内介绍他的服务，告诉他不要说卖保险。我们今后在社区卖保险一定是被动的，不能主动找客户卖保险。我们一定要说服务好，要邀请保险公司来介绍他的服务好，通过这个服务好可以改变保险公司的一些观念，也可以丰富我们的内容。

接下来说说人员工资，人员工资是社区经营里的大项成本，如何变为收益项目呢？比照传统的店铺经营可以给我们拓展思路。

传统经营常常有一种职业叫"导购"，比方说超市里就有导购。导购都是厂家出钱，在社区宣传产品。那么我们能不能将业务员变为各家保险公司的导购呢？他们导购的考核指标实际上还是看销售，没有导购我们也要销售，但是有导购的销售和没有导购的销售的区别是多一项人员工资。因为销售的费用都是一样的，如果我们能争取更多公司到社区来搞导购，我们告诉他"你请导购不好请，不如把导购的钱给我，我来给你请导购"。

这里面确实大有文章可做，也许就是我们两个服务人员，也许他给我们钱后我们在社区请更多人来做导购，更多人来做导购的收入还是算在店内收入里的。比如说你现在就两个服务专员，如果保险公司给你三五个导购，你就可以在社区里再请两三个人，宣传他们的产品。

　　只要产品是物美价廉的——我们在这里要把一个关,所推销的产品一定是客户需要的产品——只要把这个关把好,我们变成本为收入的空间就很大,这样就可以让我们在社区内通过多元化思维、多元化产品、多元化方式有更多收入,为客户提供更多服务,在社区内形成良性循环。

第七章

"独代"盈利路径的
"四个避免"

对于独立保险代理人来说,其自身就是投资者,因此,要为投资者创造价值也就是要为自己创造价值。

　　那为什么要为自己创造价值呢? 因为为自己创造价值,与为客户创造价值、为其他合作伙伴创造价值同等重要;没有为自己创造价值,就不可能为他人创造价值。不给自己创造价值,就没有投入再为客户创造价值。

　　现在许多创业失败者,80%以上不是因为没有给客户创造价值,而是因为不能为自己创造价值。为了避免出师未捷身先死,我们要为自己创造价值。

　　从商业角度看,不为自己创造价值,不为投资者创造价值也是不道德的行为。商业道德就是多赢、共赢,任何一方不赢都是不道德的,所以必须创造价值。

　　正常的商业逻辑应该是为客户创造价值、为合作者创造价值,然后就有了自己的价值,这个价值应该是客观存在的。因为我们的价值就在合作者的价值之中,就在客户的价值之中,就在服务对象的价值中。

利润不是目的，它是个结果；我们的目的是为客户服务，利润是正常情况下达到目的的结果，两者是不矛盾的。不仅不矛盾，还是相辅相成的：你给客户创造了价值，那你自身一定有价值；你给服务对象创造了价值，你自己就一定有价值。这是必然的，也是正常的。

那么为何现在的创业者创业不到两年的失败率已经高达70%呢？大量的事实表明，不是没有创造价值，而是创造了价值以后，缺乏自身管理，缺乏有效的计划，缺乏监督，缺乏投入。

要解决这些并不是难事，是自己内部的事，是日常经常发生的事，而且容易成为失误，并非正常决策的问题。只要有正常的决策，为客户创造了价值自己就有价值，现在自己没价值，大部分都是失误造成的。要想有价值必须要避免失误，本章将深入分析和研究创业者最容易出现的几大失误的表现形式、形成原因、解决办法以及解决效果，以此希望可以给中国独立保险代理人提供借鉴。

一、避免只干不算，早日养活自己

只干不算的表现是什么呢？表现的形式就是创业没有可行性报告，没有财务预算，没有确定的客户，没有确定的收入，没有确定的支出，也没有确定的利润。那么只干不算形成的原因是什么呢？客观上看，在社区经营目前确实还没有一个成熟的模式，也没有一个可模仿的案例。它不像麦当劳、肯德基之类的店铺已经有了成熟的模式，后面的创业者模仿去做就可以了；不像传统行业已经经营多年有个底数，成本多少它就是多少；不像个人代理人只算收入不算支出，一人吃饱全家不饿。其他行业或商业模式没有可供参考的价值——这是客观上的原因。

客观上来讲要形成可行的方案，财务计划要确定好，这不仅是一个艰苦又细致的过程，而且是一件很难的事情。并不是他们不愿意，而是不容易做出来。

主观上的原因是什么呢？大多数创业者都是理想主义者，也都是敢想敢干的人。他们常常志存高远，首先看到的是这个行业的前途和前景，看到的是这个行业的优势和有利条件。优势和有利条件都可以找到，可以看到，可以算到，要看到它的好处很容易，但是要看到它的问题很难。在这种情况下有些敢想敢干的人就抱着干了再说的态度开始了创业，由此把干和算对立起来。他们常常认为干比算更为重要，因为社会上也有人是这种情况，想创业想了多少年就是不能起步，此种现状使他们产生了这样的想法。

由此形成了一种情况就是"明天再说"——今天先干，明天再说；甚至还派生出另一个理论："只要播种就一定会有收获。"他们有很多理由只干不算，而只干不算的人中成功者很少。

《孙子兵法》有两句话，一是"胜兵先胜而后求战"：先有胜利的把握再去战斗；二是"败兵先战而后求胜"：先去打仗，在战斗中求胜，也就是干了再说。先胜后战的人都是胜利者，先战后胜的人中有成功者，但绝大多数都是失败者。独立代理人能否处理好先胜后战和先战后胜，决定着他创业能不能成功。

怎么处理好这个事情呢？无数创业成功者给了我们一些经验和启迪，只要把握好一件事情就能处理好这个关系：这就是一定要养活自己。

什么叫养活自己呢？人们都会说我做你这个事情就为了养活自己，不养活自己我也不会干。但是要养活自己必须有三点要把握好。

第一是要每天养活自己，这是创业成功者的一个法则。

意思是今天一定要养活自己。创业失败者中很多人是希望明天来养活自己的。有人会说你这个人怎么这么不讲道理，今天投资怎么能今天就赚回来呢？稻盛和夫提出过一个理论：今天能够养活自己的人，明天不一定能养活自己；今天不能养活自己的人，明天一定不能养活自己。我们很多人就是在指望明天养活自己，但是"明日复明日，明日何其多"。

你一定要今天养活自己，如果今天不能养活自己，你今天就不要投入，今天就不做这个事情。这个不是你说行不行的问题，不能养活自己你就不要做了。

有些人是怎么算的账呢？比如说现在开业，已经投资了10万元，他以为养活自己就是把这个10万元赚回来，"我一天赚10万元那我不是要赚到天上去了吗"。但是今天要养活自己不是说你今天要赚10万元，而是要把10万元分摊到一段时间。

　　比如说你准备3年成功,那你就要把10万元分到3年里的每一天,每天多少钱呢? 3年约1 000天,1 000天就是每天100元钱。如果这10万元要3年赚完,那么今天就要把这100元钱赚完,并且之后的每一天都要继续按这个计划赚钱。

　　第二个要求是每个人都要赚钱。

　　很多创业者都有一个问题,比如原来他是个业务员,一旦创业当了老板以后他就想依靠别人来赚钱。他有一个理论:"创业就是办企业,如果是我一个人赚钱,其他人都不赚钱,我怎么能赚钱呢?"他常常把赚钱的希望放在别人身上,而别人又把赚钱的希望放在他身上,这样在创业过程中"你靠我、我靠你",最终"靠山山崩,靠桥桥塌"。因此在创业过程中一定要每个人都赚钱,而且每个人每天都要赚钱。

　　很多成功的企业都有一张按天按人头的项目核算表,每天都算,有一天没赚到钱,亏了多少第二天就要把它补起来,如果连续几天没有赚钱就停下来。这些企业不要宏伟的计划,可行性报告也不是大篇的文章,它们只需要有每天能养活自己的理性。

　　第三个就是让我们每一个项目都赚钱。

　　我们原先所说的灵活处理也是我们产生失误的一个原因,就是它总在变通。但是,变通有一个前提:你一定要让每一个项目都赚钱。不是每个项目每天都能赚钱,如果一个项目亏损,就一定要有另一个项目能把这个项目的亏损补起来,这才叫每个项目赚钱;如果没有项目来弥补,完全都是亏损的项目,这是不行的。例如免费的电话、免费的电视，都需要有项目把这份钱赚回来。

也就是说为了避免只干不算、不能养活自己的失误，一定要每天都能养活自己，每人每天都能养活自己，每个项目都能养活自己。这三句话是被实践所证明的，比一条条金科玉律、一沓沓可行性报告、一份份商业计划书都要有用。

独立代理人只要把握了这一点，就能出奇制胜。我们所有的办法都是急中生智，都是逼出来的，如果自己没感觉到有压力，那么创业一定不可能成功。

这份压力一定是具体的、每时的、每人的、每项的责任。华为在多年前这三样管理就细化到了每时、每人、每项上去，全世界那么多员工，每天都有核算报告，从不改变，从不间断。正是这种锲而不舍、日积月累的管理办法把他的企业"逼"成了世界五百强企业；我们独立代理人这样的社区企业也要效仿此举才能成为一个优秀的企业。

二、避免只用不赚，早日提高自己

只用不赚，这是所有创业者最容易出现的第二个失误：好大喜功，眼高手低，大手大脚。其具体表现为选场地的时候一开始就选最好的地方、最大的地方，装修也按最高档次来，要搞最多最好的礼品，还要办隆重的开业仪式。现在有个判断标准是说一个人在开业的时候如果搞很大排场十有八九必败无疑。

　　那么为何如此呢？客观上我们有些大企业就是要靠品牌效益，要展现实力，要大气，要大方——甚至到了不讨价还价的地步，并认为讨价还价是一种很小气的行为，所谓"赚大钱的人怎么能算小账呢"。这从客观上让企业家分不清选好位置好还是差位置好，选大场地好还是小场地好，是合租办公好还是独立办公好。

　　从主观上来说，也很难约束自己，容易受市场影响，容易头脑发热。这样很多企业的结果都是一败涂地。

　　他们没有想怎么赚钱而是想怎么用钱。花钱确实比赚钱容易，创业花个几万几十万元轻而易举，但从市场上赚一分钱都很难。这是没有经历的人很难体会到的。我们看到很多中介企业、分支机构动辄租最大的场地。有家保险中介曾租下一栋三层的临街楼房作为办公场地，里面的装修档次比银行还高，设备一流，买的全部是真藤的藤椅。当时振振有词说要让客户享受比在银行更高的待遇，要提高保户的地位，但是这家在偏僻乡镇开的店面两年就让80多万元都打了水漂，最后这些高档的东西搬也搬得困难，卖也不值钱。像这样失败的案例数不胜数。那么怎么才能避免这个问题呢？也有几个简单的办法。

　　首先一定要先赚后用，而不是先用后赚。就是说一定要有这项投资能否赚回来、什么时候赚回来的计划，没有赚回来的计划就不能投资，当你赚到钱之后再去花钱，创业一定要省吃俭用。

　　其次就是要自己赚了钱以后才能找人赚钱。创业者每月有两项固定投入，第一是社区内固定资产投入，在投入前要想好怎么赚回来；第二就是人力投入，当你还没有赚到钱的时候是不能用人的。在社区设点服务有个特点：一个人就可以服务，不像餐馆一定要有厨师、服务员和前台，而做保险服务首先创业者自己就是服务员。

没赚到钱的时候也是不能选择好地方的。在社区一定要艰苦创业，开始的时候能找到合租的地方就不单租，能找到小场地就不找大场地，这是原则。一切的前提条件都是赚钱，一定要先赚后用，要用这种指导思想来约束自己。

独立保险代理人在社区做保险服务这个事业，不是靠排场，不是靠形象，不是靠品牌，而是靠我们对每一位客户的服务效果来彰显我们的形象，打造我们的品牌。它不像有些产品一定要打广告才能为人所知，如前文所说我们经营客户并不需要很大的投入，我们需要成为那"五家"。我们要有很多知识、很多专业，有很多这样的无形资产。

独立保险代理人一定要认清社区创业不是靠有形资产和投入，而是靠无形资产来取胜，一定要把重点和资金集中在服务上面，只有服务上的投入才是真正的一分耕耘一分收获。其他为服务而做的间接投入，比如开业庆典、发礼品、租大场地这些都不是直接作用于客户的，客户要的不是这些东西。

在社区做事客户是很在意实在的，你越节俭，客户越放心，他知道你的成本是从他那里收入覆盖的，你可以告诉他"我们这是最价廉物美的服务。你看我们没有那么大的场地,我们可以用最低的成本为你提供服务"。

为了控制自己还有一个办法。比如在社区投资30万元才能成功,那么你一定要把目标定在投资10万元就要成功。那20万元要作为应对意外风险等不确定因素的资金,你不能没有底,不能说有30万元就把30万元用光,因为那时候已经没有翻盘的机会了。所以我们说创业阶段一定是钱少比钱多好,要把必要资金控制在三分之一,也就是 "三分之一" 原则。用三分之一资金就能创业成功的,你的事业就能成功;如果预算用完了还不能成功,那就大概率都是不能成功的。因此,我们要用预算来约束自己。

总而言之,在社区创业的初期是很艰苦的,是一个勤俭持家的过程,凡是大手大脚的都无法成功——"钱用完了,人明白了,事业搞丢了"——事后想翻盘也没了机会。所以我们一定要先赚后用,避免倒过来做事。

三、避免只说不听,早日完善自己

只说不听是创业者的一个普遍失误,又称 "老板病"。他希望展现自己的能力和才华,认为自己能够创业就与众不同,因此要让所有人听他的而不愿听取他人意见,开玩笑说就是曹操的名言:"宁教我负天下人,休教天下人负我。""老板病" 也是如此,宁可让一千个人听他的，他也不愿听任何一个人的。

形成这种现象的客观原因是一个人很难看到自己的优缺点。老子说"自知者明"，能看清自己的人是英明的人。但是，我们大多数人只能了解别人而不了解自己，说别人优点和缺点的时候一套一套的，说自己的时候只能说到表面而无法达到实质——能够看到实质的人就不可能只说不听了——所以说一个人很难认识自己。

从主观上说，他又不想认识自己，他不希望自己的创业计划受人影响。创业者在创业之前的美好理想是一套又一套的，他会认为自己的战略决策是无比英明伟大的，如果按照他的想法去做是绝对错不了的，因此要避免受到他人的影响，避免动摇他的决心，避免延缓他事业的进程，这在主观上会有屏蔽他人意见的心理。这是需要在实践过程中才能意识到的事。

有句话叫"四十而不惑"，就是说人走到人生一半左右才能"不惑"，可见要认识自己是多么的艰难。但是一个创业者想要成功，必须先从管好自己开始。世界上最难管的人不是别人，而是自己；而独立代理人也没有人管，他自己就是老板，"老板病"所带来的失误给许多企业造成了不可救药的悲惨结局。

那么如何控制自己呢？管理才能出效益，有几种行之有效的方法，只要做好了这几件事就能管好自己。

首先，要从钱管起——不是管思想、不是管人、不是管行为，这些都是是非问题很难管理，而钱只是一个多少的问题。管钱要做到四

个 "分开"。

第一个 "分开"，就是要把自己的钱和公司的钱分开。创业最忌讳公私不分。他以为自己是老板，公司是自己的，也是自己承担无限责任，所以容易公私不分，这是重大失误。我们在管理上一定要先把公司的钱和家里的钱，和私人的钱分开；个人用企业的钱要打条子，企业用个人的钱也要记账。公司没钱拿了私人钱，后来私人没钱了也去拿公司钱，很多民营企业最后就是因为这种原因倒闭的。我曾经看到一本创业书上有个案例，有家企业的老板开始创业的时候，用的人都是自己人，用的钱也都是亲戚支持的钱，后来企业做好了，那些人就理所当然地说 "我现在没钱买房，你企业给我点钱" "我要做什么事你给我点钱" 之类。这家企业没有管理制度也没有会计，亲戚们也觉得以前你用钱的时候我们都支持你，现在我们用钱也不应该受到限制。他的小舅子比较年轻，钱越用越多甚至拿去赌博，以至于这个兴旺的企业最后因为债务问题停业了。我们独立代理人在社区内经营虽然没有那么大的风险，但同样只有公私分明才能有效经营，才能看到企业的效益。

第二个 "分开"，是把用钱的人和管钱的人分开，要形成制度。当了老板后一定要实行 "隔手制"，分清谁用钱谁管钱，不能一个人既用钱也管钱。要不然，这会成为民营企业、个体户、私营企业因没有管好自己而被打破的第一道防线。

第三个 "分开"，是把本钱和利钱分开。利钱就是收入，本钱就是成本，成本和收入要分开。很多创业者常常是用创业的资本金给自己发工资，而不是用赚的钱发工资。我们建议你现在当老板一定要赚钱发工资，资本金是用于企业长远经营的，它是要用来赚钱的。成本用完以后，收入要把它补齐，一定要做到收支分清楚。

第四个"分开"，是把赚钱和投资分开。赚钱就如同自我"造血"，自我生成；外部投资是什么呢，是找外面要钱，是"输血"。这两个功能要分开，我们要加强企业的"造血"功能，而不是要"输血"。但是在创业过程中，很多人去"输血"，为什么呢？"输血"容易啊，你找到人，说个理由，人家给你钱就"输血"了。但是"造血"很难，要客户满意了以后你才能有收入。所以我们要把赚钱和投资分开，加强"造血"，减少"输血"，最好不"输血"。

四、避免只赚不投，早日发展自己

这一失误刚好与上一个相反，它的表现是当企业赚了钱以后，创业者就不愿意花钱了，表现在该花的地方他不花，该投入的地方他不投入，该用的钱都不用。

客观原因是什么呢？他到现在才知道赚钱不容易，这么多年了，赚那么多钱不容易，他形成了珍惜资金的习惯。原来没有痛点，没有教训，有了教训以后赚了钱就不舍得投入，这就是小农经济，年复一年种现田，有一点赚的就可以了。

这个阶段是很危险的,因为你没有赚钱之前很多竞争者不进来,而当你能赚钱的时候市场上就会有大批竞争者虎视眈眈——当然我们都是有门槛的,但是有门槛不等于说是有防火墙——如果这个时候你不加快发展,还是小农经济的话,你很快就会失去竞争力。

从客户角度看,你开始创业的时候精打细算、小作小为,客户理解你;但是当你干了几年十几年,你已经做好了、赚钱了,你还是这样窝在不那么好的地段和别人合租房子办公,这种时候就反映不出你的能力和水平了。客户会感到反感,也会对你失去信心和信任。而且,这样自己也会失去很多机会。

之所以会舍不得投入,主要是主观原因,觉得赚钱太难、千万不要多用,所以该用的都不用。那么怎么解决这个问题呢?要解决这个问题我们一定要有战略眼光,一定要有发展的意识,一定要为客户创造最好、最舒适的环境。你投入就是为了给客户创造价值,所以当你有钱的时候,你一定要为客户创造价值,要把赚到的钱回馈于社会。这也是三分之一原则:要有30%的钱回馈于客户,要有30%的钱用来提升自身的发展能力,剩下30%的钱才能作为利润放在账上。

具体来说怎么发展呢?有一个强迫自己投入发展、不错失发展机会的办法。

第一个办法是"定额投",定金额投入。就是发展到一定阶段的时候你一定要确定每年投入多少。比如说是十万八万还是多少,一定要有一个定额投入。

　　第二个办法是"定率投"，定比例投入。如果你不好把握定额怕有风险，那么就像很多企业一样采取定例投入。像华为，无论企业多么困难，无论企业有没有利润，它一直坚持10%—20%的投入。在最艰难的时候它也没有减少这个投入，这个比例用了20年以后，它就从中国这样一个发展中国家的中小企业发展成为全球性企业，甚至打破了美国对它的封锁和限制。任正非在说到他成功根本原因的时候，就提到定比例投入、持续投入。时间自有公道，付出才有回报；不想投入的人永远不能发展。

　　第三个办法是"定向投"，定向投入。定向投入可以解决盲目性的问题，我们所投入的东西只有一个标准，那就是改善客户的体验，围绕客户的需要，围绕客户的价值最大化进行投入。比如说要扩大服务项目，满足客户更多的要求；提高服务质量，要让客户能够获得最大的价值。任正非说如果按他的赚钱能力，和他同行业的企业包括现在已经很大的企业要死掉一大半，因为他的盈利能力太强。所以他为了培养市场竞争——他说要有竞争对手他才有动力——所以他自己把盈利水平降了下来，要加大投入。也就是说投入一定得围绕客户的感觉来。除此之外，也要改善客户的感受。这项投入是最大的也是最难的，但是其价值也是最长久的。

　　因此，只要我们坚持定额投入、定率投入、定向投入，就可以避免无法发展自己这一失误。

　　整个创业的过程印证了一句话：创业的时候，钱少比钱多好，要饥饿创业；兴业的时候，钱多比钱少好，要饱和兴业。在经过前面三个阶段的日积月累、精打细算、严格管理，形成新的商业模式和盈利模式之后，我们一定要趁势而上，加快发展，这样才能一步领先、步步领先、长期领先。

第八章

"独代"竞争策略的
"三个避开"

独立保险代理人是一个全新的市场主体，它属于保险代理人，它又不同于个人保险代理人，不同于专属保险代理人，也不同于专业保险代理人。因此，专业保险代理人、专属保险代理人、个人保险代理人的市场竞争策略不完全适合独立保险代理人，独立保险代理人应该有自己的竞争策略，才能突出自身优势，才能形成自己的经营特色，才能完成自己的历史使命。

冲突和竞争是两个有着本质区别的市场行为。冲突是一种负能量，是一种破坏性行为，是应该首先避免的一种行为。竞争是一种正能量，是一种有利于促进竞争双方及社会发展的行为。

独立保险代理人应该尽量避开冲突，尽力参与竞争，在市场竞争中发展壮大自己。本章将讲述独立保险代理人与个人代理人、保险经纪人、专属保险代理人这三类市场主体如何避免冲突，如何竞争以及在市场竞争中的方式方法。

一、打阵地战，避开与代理人冲突
——分区发展：他打"运动战"，你打"阵地战"

个人保险代理人在中国已经发展了30年，其发展大势虽然已去，但其组织形式依然长存，且能留存下来的也绝对会是一些身手不凡之人。他们的客户主要是个人客户。因此，个人保险代理人是独立保险代理人的主要竞争对手。

个人保险代理人的强项是"话术营销、分红营销、关系营销、主打运动战"；独立保险代理人的强项应该是"话实营销、保障营销、服务营销、只打阵地战"。前者本质上有些投机性、营利性、短期性行为，发展快，消失也快；后者本质上应该是务实性、事业性、长期性行为，见效慢，发展也久。因此，独立保险代理人与个人保险代理人的竞争策略是避实就虚，以弱胜强。否则，一招不慎，后悔莫及。

一要话实营销，不搞话术营销。所谓话术营销是指对客户只说好的，不说不好的；只说保险责任，不说除外责任的营销方式。结果是销售很容易，理赔很麻烦。少数个人保险代理人这样做了，由于他们只负责销售，不负责理赔，多数人可能等不到理赔时候就已经改行了，客户也找不到他。独立保险代理人可不能这样做，因为你是从帮助客户理赔开始进入这个行业，你是要长期发展的，如果你也有这种行为，不要说有多少次，有一次客户就不再找你了，你的信誉就没有了,你的事业也就从此终止了。

所谓话实营销,指的是一种实话实说的营销方式,对客户先说不好的,后说好的;先说除外责任,后说保险责任。就像常听到的家里人说话一样"那我就只说丑的,不说好的"。为什么要这样说,因为你要说实话,否则你承担不起责任。一笔业务毁了一生信誉。这就是我们现在许多个人保险代理人不愿再见客户的原因。

独立保险代理人万不可再犯这种常识性错误。也许你话实营销见效很慢,甚至很难成交,但是事缓则圆,不可着急,久而久之,客户就会信任你。比如有个客户,不管何人向他推荐保险,他都要回去问下这个保险代理人,理由是"这个人从不说假话"。这说明了一个道理,最好的经营策略就是让客户信任你的策略,有了信任没有办不成的业务。

二要保障营销,少做分红营销,甚至不做分红营销。分红营销是指以销售分红产品为主的营销方式。分红产品本身是没有问题,因为它是一种产品形态。问题出在销售环节,容易出现销售误导。容易出现误导是指有时并非你主观上在撒谎,只是客观上难以说清楚。比如说分红利率是多少,这本来是未来的事情,但你只能用过去的事例来演示,说着说着就说成了行业最高水平,有时这个水平可能是存在的,但是未来就不一定有这么高的水平。说得不错但实际有别,这是第一个原因。第二个问题是基数容易混淆。保险单上说分红基数往往指的是保险单的现金价值,而一般人理解的是所缴纳的保险费。保险单现金价值与所缴保险费是两个完全不同的数据，基数不一样，即使分红利率一样，结果也会大不一样。差距有多大呢，就看该款产品的价值大小。比如首年保险单的现金价值是所缴保险费的30%，即使当年分红率达到4%，再除以30%，按所缴保险费计算也只有1.2%，低于银行存款利率。也就是说分红比率不错，但是基数错了，结果又是大不一样。第三个问题是概念不一样。比如有一年有一款分红产品特别畅销，因为产品概念很好，缴1万元返红利800元。缴10万元返8 000元，比存款不知要高多少倍，于是很多人疯狂推销，许多人疯狂投保。并且白纸黑字，当场兑现，应该没有问题吧。但还是有问题，且问题更大了。因为两者理解的概念不一样，保险单上说的是首年缴1万元返800元，客户理解的是缴1万元返800元，结果差距就大了，这是一个多年缴寿险。缴1年返800元，缴10年还是返还800元；前者当年回报率是8%，后者当年回报率是8‰，相差十万八千里，这又怪谁呢？不卖分红险客户不买单，这些年大上快上的保险公司，大上快上的保险业务无不是靠销售分红险，卖了分红险难免不误导，最终伤害的不仅是消费者，而且是行业信誉。为事业者一定要长远计。据说也有保险代理人从业30年没有销售过一份分红险。这也真不容易。

独立保险代理人是为事业者，应该远离这块是非之地。国家对分红险销售资格管理更严了；分红不是保险行业的强项，保障才是保险行业的强项，是任何行业都不能与之相比的。独立保险代理人要有行业自信,要为行业自强,要兴行业之誉。不要赶时髦,不要迎合消费者兴趣,不要随波逐流,要有学者的风范、专家的执着、企业家的责任,兴行风于既倒,成为客户可以依靠的人。

进行保障产品营销的更大好处在于,保障型产品的所有内容都是确定的,比如重大疾病保险的保险金额就是确定的,其准确性对应每一天,保什么不保什么也是确定的。形成销售保障型保险不会出现销售误导问题。保险型产品对客户的经济补偿是很高的,还以重大疾病保险为例,假若购买了60万元保险金额,即使你只缴第一次保险费2 000元,第二年检查发现患上保单所指明的重大疾病,保险公司就要支付给你60万元保险金额。所有保障型保险都有严格的投保险条件,不符合投保条件的人是不能参加这项保险的。还以重大疾病保险为例,投保条件是以发现为准,没有发现是可以投保的,发现了就不能投保。有重大疾病保险与没有重大疾病保险的人,如上所述相差是很大的,而这种差距今后又是无法弥补的。所有保障型保险才是独立保险代理人最应该做好的营销。

三要服务营销,打好阵地战。个人保险代理人靠关系,独立保险代理人要靠服务。个人保险代理人打运动战,独立保险代理要打阵地战。这是历史给予的机遇,这是时代赋予的恩惠。前面已经分析过服务营销、社区经营是一本万利的事业,虽然它也有一个二至三年的成长期,但它毕竟是躁动腹中的婴儿,看见桅杆的航船,喷薄而起的太阳。

到此细心读者可能感觉到作者在反复强调这一点，是的，作者的确是这样想，也是这样担心的。作者研究中外独立保险代理人理论与实践一二十年，看到的失败案例太多了。比如有一家保险机构在全国组织保险代理人投资开了万家门店，现在存活的不到一半，损失数量大半，损失金额数亿元，而且都是个人出的真金白银，不能不让人痛心疾首。

究其原因是多方面的，其中一个重要原因还是这些门店经理，大部分来自个人保险代理人，习惯了关系营销，放弃不了运动战"短平快"的做法，在社区开了店却跑到外面去拉关系，种了别人地，荒了自家田。

所以，独立保险代理人与个人保险代理人的竞争策略就是种好自己田，别管他人的地。独立保险代理人既然选择了自己的事业，就要走自己的路；因为走别人的路，永远成不了自己的事业。走服务营销、社区经营这条路肯定不会那么容易，但绝对也不是那么艰难，只要我们坚持下去，就一定会走出一条全新成功的道路。这也是独立保险代理战胜个人保险代理唯一有效的市场竞争策略。

二、服务家庭，避开与经纪人冲突
——分工发展：他为企业服务，你为家庭服务

（一）保险代理人与保险经纪人在监管规定上的区别

《保险代理人监管规定》：

第二条 本规定所称保险代理人是指根据保险公司的委托,向保险公司收取佣金,在保险公司授权的范围内代为办理保险业务的机构或者个人⋯⋯

第四十一条 保险专业代理机构可以经营下列全部或者部分业务:

(一)代理销售保险产品;

(二)代理收取保险费;

(三)代理相关保险业务的损失勘查和理赔;

(四)国务院保险监督管理机构规定的其他相关业务。

《保险经纪人监管规定》:

第二条 本规定所称保险经纪人是指基于投保人的利益,为投保人与保险公司订立保险合同提供中介服务,并依法收取佣金的机构⋯⋯

第三十六条 保险经纪人可以经营下列全部或者部分业务:

(一)为投保人拟订投保方案、选择保险公司以及办理投保手续;

(二)协助被保险人或者受益人进行索赔;

(三)再保险经纪业务;

（四）为委托人提供防灾、防损或者风险评估、风险管理咨询服务；

（五）中国保监会规定的与保险经纪有关的其他业务。

从以上规定可知，保险代理人与保险经纪人都是保险中介机构，都是居中为保险客户与保险公司建立保险关系，都是在实现保险价值中实现自身价值，这是他们的共同点。但是他们之间的区别也是很明显的。

一是服务对象不一样。保险代理人是受保险公司委托，为保险公司提供服务；保险经纪人是基于投保险人利益，为保险客户提供服务。两者各站一边，相向而行：保险代理人要说服客户投保，保险经纪人要说服保险公司承保。

二是业务范围不一样。保险代理人的首要任务是销售保险产品，收取保险代理费，再代理相关损失勘查和理赔，以及规定的其他相关业务。保险经纪人首要任务是为投保人拟订投保方案，选择保险公司以及办理投保手续，再协助被保险人或者受益人进行索赔，为委托人提供防灾、防损或者风险评估、风险管理咨询服务，以及有关的其他业务。

三是收入来源不一样。保险代理人是向保险公司收取佣金，有着确定的收入来源，保险代理人销售保险产品只能向保险公司收取佣金，不能向客户收取佣金，具有典型的商业特征；保险经纪人为投保人拟订投保方案,具有典型的"律师"特征,却不像律师那样由投保人向其支付佣金,而是用一个"依法收取佣金"的说法,却没有确定的收入来源。这是两者收入来源上的区别。

(二)保险代理人与保险经纪人在市场实务上的区别

这个区别在目前中国保险市场上表现得还不明显,但在其他发达国家或地区市场中表现得很明显。下面我们先看看在其他发达国家或地区市场中,他们的区别表现在什么地方,以及形成区别的原因。

区别之一,保险经纪人主要是为产险市场提供服务,保险代理人主要是为寿险市场提供服务,究其原因,产险市场更多需要提供投保方案,寿险市场更多需要提供产品销售。

区别之二,保险经纪人主要是为企业提供服务,尤其是大项目、大企业、大工程,保险代理人主要是为家庭、为个人、为产品提供服务,究其原因,企业与企业保险主要区别在于产品一样,投保方案不一样,如保卫星上天、保三峡工程,更多需要的是投保方案。千家万户保险方案都是一样的,如养老、医疗、重疾、意外等方案都一样,不同的是需要什么产品的品种规格和多少不一样。

区别之三,保险经纪人主要提供投保方案,保险代理人主要提供优质产品,究其原因,好方案需要保险经纪人量身定制,好产品需要保险代理人货比三家。保险经纪人是研究投保方案,保险代理人是研究保险产品。

（三）保险代理人与保险经纪人市场冲突

这种冲突主要表现在产品销售上，而不在投保方案上；不在企业业务上，而在个人业务上；不在产险业务上，而在寿险业务上。由此可知，问题根源不在保险代理人身上，而在保险经纪人身上。个别保险经纪人不做产险，做寿险；不为企业，为个人；不做方案，做销售；不为客户，为保险公司；做着完全与保险代理人一样的事情，成了完全一样的保险代理人，难怪有人会嘲讽道，要改称这样的保险经纪人为保险代理人。

可见，少数不务正业的保险经纪人伤害的不仅是保险代理人——中国保险代理人已经不少了，而且伤害的是自己，伤害的是中国的实体经济——企业，伤害的是整个国民经济的高质量发展。中国有全世界最强大的实体经济，有全世界最完整的工农业体系，有全世界最众多的实体企业，却没有全世界最强大的保险经纪人，没有全世界最强大的保险方案，没有全世界最完整的保险保障服务体系。值得肯定的是，这种局面正在改变，很多保险经纪人正在许多实体经济领域崛起。

（四）保险代理人与保险经纪人分工发展

在微观上，因为中国有14亿多人口，有5 000多万家企业，中国的保险代理人要服务好千家万户的个人，为人民日益提高的物质文化生活需要提供保险服务，而不要涉足于更多的企业保险服务，因为那不是你的强项，如果你进去了，一定会扰乱这个市场。同样，术业有专攻，中国保险经纪人要服务千家万户的企业，为中国企业走向世界，走向高质量发展保驾护航，充分实现党和政府对保险行业服务实体经济的殷切期望。

在宏观上，若有一个"倒逼机制"则更能加快保险经纪人服务实体经济的步伐与效果。这个"倒逼机制"就是要逼着保险经纪人更多地去向投保人收费，逼着保险经纪人向企业提供更多的投保方案，逼着保险经纪人为企业创造更多价值，逼着更多保险经纪人提高保险经纪水平，逼着保险经纪行业加快优胜劣汰速度。因为企业愿意付费了，才说明保险经纪真正有价值。大量市场调查表明，很多企业愿意付费服务，前提是你要让它看到你所创造的价值，只要你有价值没有人不愿意付费的。现在企业不愿意付费，更多的是你没有为它创造价值，或者你没有让企业感觉到你创造了价值。就像企业不愿意向律师付费，肯定是律师不行，而不是企业不行；企业不愿向保险经纪人付费，肯定不是企业不行，而是保险经纪人要努力。因此，只要逼到中国保险经纪人向企业收费，保险经纪人就成功了，非倒逼难以成就一个真正的保险经纪人，难以成就一个强大的保险经纪行业。

由此可知，独立保险代理人要避开与保险经纪人冲突，近期靠自律,长期靠他律。因为冲突表现在个别保险经纪人抢了别人的饭,丢了自己的碗,其根源还在于全社会代理经纪行业分工不明,双方业务边界不清,各自激励制约机制不够。假以时日,待到泾渭分明,必将是两业皆旺之时。

三、做好销售,避开与保险人冲突
——分项发展: 他开发出更好的产品,你提供更好的服务

用冲突两个字来形容独立保险代理与保险人的关系,无论从理论上还是实践上都是一个伪命题,因为自古以来厂商不分,形影不离,有厂家,就必须有商家,有商家必须有厂家,两者相互依存,互为前提,从无冲突,亦无矛盾,古今中外,概莫例外。

但此时的中国,独立保险代理人与保险人不仅有矛盾,而且表现得十分尖锐,大有不解之意。在保险人看来,要发展保险代理人,就一定要发展专属保险代理人,而不能发展独立保险代理人;反之,如果发展不了专属保险代理人,我也绝不发展独立保险代理人。这是把两者看成水火不容,势不两立的发展方式。

在独立保险代理人看来,要发展保险代理人,就一定要成为独立保险代理人,不能成为专属保险代理人,因为在社区,专属保险代理人养不活自己,只有独立保险代理人才能养活自己,反之,成为不了独立保险代理人,我也不做专属保险代理人。

　　其实独立保险代理人与专属保险代理人两者不是相互矛盾的。专属保险代理人只为一家保险公司提供服务,产品专一,服务专攻,可以给予客户某一品牌不同的感受。这是一种很好的经营方式。这种差异化经营与差异化服务在任何时候都不会过时,不仅不会被其他方式取代,而且会越来越有特色。比如时任总理温家宝有个鼓励中国民营企业要走产品差异化发展道路的故事,说到温州有家生产指甲剪的企业,把指甲剪销售到世界各个国家,其销售量占到全世界总量三成以上,做到了全世界第一。华为、格力、小米等国产品牌也都是通过专卖店形式走向市场,走向世界的。由此可见专卖店的重要性。

　　任何事物有利必有弊。专卖店的利,在于可以在更高经营层级设店经营,如在一个县,在一个市,在一个省,在一个国家设立专卖店,且范围越大越好,范围越大,喜欢同一款产品的受众就越多。比如在大城市,大超市就可以开设茅台专卖店、华为专卖店、格力专卖店,等等。这些店在这些地方都经营得很好。

　　专卖店的弊,在于它不可以在乡镇、在街道、在乡村、在社区开店,因为这些地方的经营范围很小,因此喜欢同一款产品的人也少,人少销售量就少,销售收入少就不能覆盖开店成本,不能覆盖成本就亏损,亏损就不能延续下去,所以在客户总量不够的地方,不适合开设专卖店。例如,茅台再好,也没有在社区开过专卖店。以上就是专属保险代理人的利与弊。

　　独立保险代理人也有利与弊。其利弊与专属保险代理人刚好相反。适合专属保险代理人开店的地方，就不适合独立保险代理人开店；反之，不适合专属保险代理人开店的地方，就适合独立保险代理人开店。比如，在县及县级以上大城市、大超市开店的地方，不适合独立保险代理人开店，因为这些地方都有专卖店而且经营得很好，服务得很好，客户不会选择非专卖店购买服务的。

　　在乡镇、在社区不适合专属保险代理人开店的地方，适合独立保险代理人开店。一是这个地方没有专卖店，只能找综合店（"独代"店）购买产品及服务。比如社区小卖部，不仅有高档白酒，还有低档白酒；不仅有白酒，还有啤酒；不仅有酒，还有烟，还有其他副食，百货，等等。二是独立保险代理人又能受保险人委托，具有为其提供专业服务的资质与能力，能够服务好。三是收入有保障，买一家产品的人不多，买一个行业产品的人却不少，尤其是在保险行业人人都需要保险，不是在东家购买，就是在西家购买，或者在两家都购买。因此，在社区开店，养不活一个专属保险代理店，却可以养活一家独立保险代理店。所以，社区只适合开设独立保险代理店，不适合开设专属保险代理店。

　　由此可知，国家实行独立保险代理人制度，同样鼓励保险公司发展专属保险代理店（专属保险代理人），比如大家保险就开始朝这个方向努力，但是，在保险公司不宜开店的地方，如在社区、在乡村发展独立保险代理店，目的是要在专属保险代理店（专属保险代理人）无法覆盖的地方,填补服务网点在市场上的空白,是在做加法而不是在做减法。

对保险代理人也一样,如果想在更大范围去经营保险业务,你就必须依托一家保险公司开设专卖店,去为这一家保险公司的产品提供服务,你也能经营得很好;如果要在社区、在乡村开店,你才有必要开设独立保险代理人店。这也是做加法而不是在做减法,是在为保险代理人开辟一个新的发展空间。需要注意的倒是,保险人与保险代理人都要按照市场经济规律办事,不能在社区开设专卖店,不能在大超市开综合店。

因此,实行独立保险代理人制度,从本质上看,是在空间上对现有保险销售渠道、服务市场体系的一种补充与完善,而不是一种取代与限制。长期以来,中国保险保障服务体系最薄弱的环节在乡村、在社区。早在2006年,原中国保监会《关于做好保险"三进入"工作的通知》(保监党委发〔2006〕14号)强调,中国保险行业要进学校、进社区、进农村。《关于发展独立个人保险代理人有关事项的通知》(银保监办发〔2021〕118号)是时隔15年后对这一大政方针政策的落实与执行,补上这块短板,加强这个弱项。

当这块短板补上,这个弱项被加强了,中国保险保障服务体系就会更加健全与完善,并形成四大销售渠道:专业保险代理人,专属保险代理人,独立保险代理人,互联网保险销售渠道。每一个渠道都是保险人所需要的,每一个渠道也是保险代理人可为的。

因此，保险人与独立保险代理人不应该形成冲突，而应该很好地结合起来。尤其是在保险分支机构大撤退（2021年全国有 2 197 家分支机构退出市场），独立保险代理人向60多万家社区大进入的时候，独立保险代理人需要保险人的大力支持，保险人需要借助独立保险人力量"三进入"，两者有效结合，必将改变整个保险行业因个人保险代理人萎缩而低迷的状态，开创中国保险行业高质量发展新时代。

综合中国实体经济在社区发展经验，比如在社区家电超市，牌头挂的是"格力"招牌，店内也卖美的、海尔空调；比如在副食品超市，招牌是"北京牛栏山"，店内却有多家白酒、啤酒，还有香烟、副食品。这说明"专卖"与"综合"两者不是不可以结合，而是完全可以完美结合的。

在保险行业，保险公司最关心保险费收入，那么保险费收入能不能与独立保险代理人的利益结合起来呢？完全是可以的。可以采取比率分成法。保险人前期可以给独立保险代理人一些支持，支持其发展起来以后，独立保险代理人要保证所经营的保险费收入中，支持其发展的保险公司保险费占比不能低于百分之几十。也可以采取金额包干的办法，即我支持你发展起来了，今后每月所完成的保险费不能低于某个指标。也可以采取活动促销法，保险人支持独立保险代理人开展某项促销活动，如同互联网上的某某节目，共同投入、共同发展。总之，保险公司有了一个直接与终端见面的机会，就有办法促进销售。如果你还看不出这种合作有多大的效益，请你在一个独立保险代理后面乘以60多万家,365天,就知道这个体量。如果店均年销1万元,全国就是60多亿元保险费;如果店均年销10万元,全国就是600多亿元;如果店均年销50万元,全国就是3 000多亿元。社区继续率是很高的,三五年以后,社区就是万亿级新保寿险市场。且独立保险代理人其自身风险与保险人无关,这是不是一项更好的合作方式呢?

话又说回来,保险人千万不能让独立保险代理人只卖一家公司的产品,因为社区客户不同意,客户要买另外一家公司的产品怎么办呢?我们还是要以客户为中心,否则失去了客户哪家公司产品也卖不出去。还是以中国那家率先在全国开专卖店的保险公司为例吧,凡是以客户为中心,客户要买哪家产品就卖哪家产品的店,他们都活下来了,凡是只卖一家产品的店都关门了。究其原因,这些店长无不感叹,无论是他们活下来的店长,还是关了门的店长,都有一个共同看法,如果所属保险公司不是不准他们卖客户需要的产品,而是一开始就鼓励支持真正以客户为中心,实行综合经营,这家公司的保费规模就远不止于这些,这些绝大部分的门店也不会关门。教训是深刻的,结果是痛苦的,中国保险人与中国独立保险代理人的合作,应该采取开放式的方法还是封闭式的方法?采取封闭式的方法必死,采取开放式的方法必兴。

世界保险行业的实践证明,个人保险代理人制度是保险行业竞争的上半场,独立保险代理人制度是保险行业竞争的下半场,全场胜败往往是由下半场结果所决定。历史又一次把中国各保险公司放在了同一个竞争起跑线上，因为大家都没有发展独立保险代理人的经验，需要重新开拓与创新。在此，愿所有保险公司都抓住发展独立保险代理人制度的机遇，乘势成为保险行业下半场乃至全场竞争的胜利者。

第九章

"独代"未来收入的
"三大市场"

看一项事业,主要看这个事业的市场大不大,这个事业的地位高不高,这个事业的时期长不长,这个事业的影响广不广。

"人无远虑,必有近忧",一个人如果没有长远的看法,没有看到长远的地方,没有一个长远的打算,常常就会出现错误的选择,或错过历史性的机会,或朝令夕改作出错误决定。因此,一个人在从事一项事业时,一定要有长远的眼光、长远的打算、长远的计划,才能把这项事业做好。

首先讲市场。市场是事业的前提,也就是说没有市场就没有事业,事业是由市场决定的。市场越大事业越大,反之则越小。

我们说独立保险代理人市场巨大,是因为它同时具有三大市场:寿险大市场、产险大市场、增值大市场;

每一个市场同时又有万亿级规模:寿险市场有万亿级规模,产险市场有万亿级规模,增值市场有万亿级规模;

每一个市场规模同时又有千亿级收入:寿险市场有千亿级收入,产险市场有千亿级收入,增值市场有千亿级收入;

在每一份收入中,独立保险代理人同时又有百万级可得收益:寿险市场，每一个社区独立保险代理人有百万级可得收益；产险市场，每一个社区独立保险代理人有百万级可得收益；增值市场，每一个社区独立保险代理人有百万级可得收益。

一、寿险市场广阔，可得利益高

全国每年有万亿级保险费，千亿级手续费；社区每年有百万级可得收益。

保险费的界定。这是约每年万亿级寿险保险费，指每年寿险新保保险费，不包括寿险续期保险费。这个保险费是指由千家万户所缴纳的保险费，即每年在社区实现的保险费。下面来逐一讲述。

保险费的来源。以 2021 年保监会公布的数据，按照两个"三七开"的简单算法，我们可以算出社区将实现的寿险新保市场规模。这两个"三七开"就是，在保费总规模中，寿险占 70%，财险占 30%；而在寿险市场中，当年的续保占 70%，新参保占 30%。这个比例几十年来基本没有大变化，也就是说从宏观角度看这个数字没有大的误差。

按照这个比例来计算，我们的社区市场有多少呢？ 2021 年全国原保险费为 4.49 万亿元，寿险乘以 70% 就是 3.17 万亿元，大约是整个寿险市场的规模，与当年保监会公布的准确数字（3.32 万亿元）相差不大。当年寿险新保再乘以 30% 是 9 513 亿元，就是其中新保市场的规模,而这些都是在社区产生的。若是再加上2.21万亿元的续保市场,由于各种孤儿保单、失效保单一般占到总规模的10%—20%,我们以10%算就有2 000亿元,2 000亿元的续期加9 000多亿元的新保,可见社区市场超过万亿元,这便是万亿市场规模的来源。

保险费的构成。其中养老(理财)险种约占40%,重大疾病保险(给付型的)约占30%,其他一年期保险(报销型的)约占30%。那么万亿级市场是由哪些项目构成的呢?历年寿险新保与寿险原保费主要是由养老保险包括理财保险、重疾保险(即付型保险)、医疗型保险(报销型保险)三大类险种构成,其构成比例约为4∶3∶3。从市场满足的程度上看,这三大险种都没有解决好。

首先没解决好养老保险这一项目,其标志是养老的资金已经作为银行存款放在市场上。因此,国家现在出台了一项政策:个人养老保险在整个养老体系中属于第三支柱,第二支柱是企业养老保险,而第一支柱是社会养老保险。在国外,这三大险种的占比几乎是均等的,也就是说社会保险在未来的替代率是30%—40%,企业养老保险30%左右,个人养老保险30%左右。但是在中国,目前第一支柱已经到位了,就是说基本养老保险已经覆盖了,而距企业养老保险的试点启动也已经过去五年,唯独个人养老保险迟迟没有动作,其中根本原因在于缺乏政策支持。

个人养老保险也叫商业养老保险,在没有政策支持的前提下是很难发展的。为了弥补这个短板,中共中央国务院已经推出了重大措施，成立了国民养老保险公司。国民养老保险公司是由全国主要的金融机构投资成立的，也是目前中国注册资本最大的一家保险公司，未来它的规模也将是最大的。它将要弥补家庭养老保险不足的短板，从而推进业务的发展。也就是说这项业务既是一个缺口、短板，也是一个未来的机会与重点。现在不仅有市场需求，还有政策支持，这方面的发展必将在社区实现。

第二个是重大疾病保险。重大疾病保险等保障型险种是商业保险中保障性最强、对客户价值最大、最能体现商业保险价值的险种，但是这一险种目前发展得很不好，不到总保费的10%——按理来说它应该占到总保费的30%。因此现在有20%的空间，未来的家庭从保障型上看首选就应该是重大疾病保险，即给付型的保险，这是客户的刚需，而这个险种也主要是家庭购买。

第三个是意外医疗保险。意外医疗保险也属于保障型险种，是保障型险种的构成部分。

接下来要说的是市场的意义。对于独立代理人来说其意义有三点。

一是这些保险费是每年都有的。这些需要都是长期的，并不是卖了一段时间就不卖的，比如养老保险就是长期的，重大疾病保险也是长期的，医疗险和意外险也是长期的。对于独立代理人来说这个市场是长久的，而且是不断增长的，未来的市场规模只会比现在的市场规模大，不会比现在小。

　　在中国的保险行业内主要有两大险种,一个是理财型险种,另一个是保障型险种。过去个人保险代理人发展的业务中理财型险种占很大规模,但是保障型险种规模小。未来的保险要回归保障,独立代理人要完成的任务就是要扩大、发展保障型保险,因此,这个险种是长期的、不断增长的。

　　二是这些险种保险费的收入转化率高。所谓转化率比较高就是佣金比较高,收入比较高,这些都是高收入险种,比如重疾险在精算上销售费用占保费的很大比重,其收益远远大于银行存款。银行存款的收益在千分之几,很多的基金、股票在百分之几,而我们现在这个长期寿险的转化率是十分之几,也就是说比存款、基金和股票要高10到100倍,而且十分稳定。

　　三是可得性也比较强。可得性就是在大的收入中独立代理人的收益,这也是很可观的。如果像上文所说可得利益[1]按十分之一的比例算,独立代理人店均收入约15万元;如果是按照20%来算,就是30万元了。以此类推,独立代理人在新保市场的收入空间很大,而且会越来越大。

　　实践将会证明,如果我们做好社区服务,拥有社区市场的20%—30%不是很难,达到50%—60%也是完全有可能的,因为在国外,这一比例已经达到了。

1　可得利益=实收保险费×佣金率。

二、产险市场广阔，可得项目多

全国每年有万亿级保险费，千亿级手续费；社区每年有百万级可得收益。

保险费的界定。产险每年都需要重新投保，它不像寿险一样一保几十年，年年缴费就可以，财险需要每年重新签约保单，重新约定核保条件，重新缴费。比如说你的车辆出了事故，第二年缴费的比例就不一样，出了特大事故更不一样。未来的车险市场还要根据司机的行为习惯来确定缴费的标准，包括车辆的车龄、驾驶员的司龄、驾驶员的习惯每年都要重新核保。因此，财险是一个新保市场。

保险费的来源。根据2021年保监会公布的原保费收入，我们可以用两个"三七开"推算出财险市场大约是1.3万亿元的规模。

那么，划分到社区市场大约有多少呢？社区市场主要是指家庭市场。我们知道财险市场还有一个划分：企业财险和个人财险，两者占比目前来说也是"三七开"——70%是个人财险，30%是企业财险。1.3万亿元乘以70%是9 500万元，也是接近万亿市场的规模，经过规模的增长最终也可以达到真正的"万亿市场"，而按保监会的数字算它已经达到了万亿。

保险费的构成。在万亿财产保险市场中，除了车辆保险的投保率已经达到了95%以上，还有两块市场亟待开发：家庭财产保险和家庭责任保险。这就说明财产保险市场的规模不仅已达万亿,而且将越来越大。

目前中国产险市场是车险占70%,其他险种占比30%。根据国际上和我国财险市场的存量进行分析,未来产险市场占比应该4:3:3,即是车险市场占40%,家庭财产保险占30%,其他各种家庭责任保险占剩下的30%。在市场中这个比例是稳定发展的,不会有很大变化,因为目前的车辆覆盖率已经接近饱和,2021年民有汽车保有量为30 151万辆。目前有车辆更新换代的需求,比如油车变电车、电车换新车等,这个市场每年都是稳定存在的,而且,随着电动车的发展,这个规模还会不断增长。

增长得更快的是另外60%的市场。第一个是家庭财产保险市场,其正常规模应该占总市场规模的30%左右,然而目前我国家庭财产保险的占比不到10%,也就是说其发展空间很大——不但那10%将会有所增长,尚未开发的20%新增市场也将会有很大增长。

接下来说到的是责任保险。很多人不理解什么叫责任保险?责任保险的内涵很丰富,比如宠物保险、公园保险、食物保险等各种保险。责任保险在国外保险市场占的比重很高,能在30%以上;而现在责任保险在国内的占比对千家万户来说尚不足5%——也就是说还有25%的市场开发空间。

可见,财险市场不仅每年有新保,而且每年都在增长。而亿万市场的意义,一是具有长期性,就如上文所说不仅每年有新保且还在增长，尤其是家庭财产保险和家庭责任保险的比例会增长得更快。

二是财险市场收入转化率。这一转化率虽然没有寿险比例那么高，但它依旧是"十分之几"级的，正常情况下它也在10%以上。如果按十分之一算，它在社区这个市场空间下也有千亿以上规模。同样，千亿规模的市场转化也是很大的。

三是社区收入的可得性。产险收入的可得性很强，这个险种按照上述推算，在社区每年的收入要达到50万元，上百万元也不是很难，达到150万元甚至200万元也是有可能的。

三、增值市场广阔，可得规模大

全国每年有万亿级业务规模，千亿级手续费；社区每年有百万级可得收益。

社保是指政府购买社保服务的钱。社保为什么要购买服务、有什么购买服务的内容等问题我们在前面的章节中已经讲到了，人力资源和社会保障部2021年就有专门文件说要购买社区服务。

社会保险的服务已经构成了一个社会化的问题，它现在的体制是通过行政的服务方式服务，也就是说它的服务分为三级：县、乡、村（社区）。国家在县级和乡镇一级的服务力量还是比较强大的，用人方式都是员工制的；但是在社区这个层级就稍显薄弱了。

薄弱在什么地方呢？薄弱在它一般是由社区网格员来负责的。

网格员"一忙办事杂",所有上级部门的——包括治安、生育、环保、民政等所有的事都叫他们办,所以他们很难在社保方面提供更多的服务。

那么为什么会有金融市场呢?随着互联网金融的发展,金融网点会越来越少,线下的服务资源也会越来越少,线下的业务量可能会不足以支撑它设点发展,但不等于没有。在金融机构的网点大量减少后,社区服务的价值就会逐步体现,因此,这个市场是客观存在的。目前我们没有关于这个市场的准确统计,但是我们可以参考一些数据,提供一些可能实现的市场空间。以下我们还是按照市场的来源、市场的构成和市场的意义来分析。

社保市场的规模,我们大致从国外独立保险代理人的收入体系和现在国内综合性经营的保险公司的业务员收入比例来看,目前这个已经达到了30%以上。我们按未来收入的30%进行社保经营服务市场分析。

社保金融市场的规模最少在万亿以上,有人说有五万亿,有人说十万亿。现在银行存款已经是百万亿级,社区寿险市场也是十万亿级以上,所以我们认为近万亿的市场规模估计是极为保守的。

"五险一金"有基本医疗、基本养老、工伤、失业、生育等方面,除了养老和医疗的覆盖率已经超过90%以外,其他三个险种还不到50%,也就是说这三险还有很大的发展空间,这个市场规模也是在稳定发展的。

我们来看社保市场的构成。社保市场的服务费用大约占40%，因为它是全员都要有的；而金融大约占30%；其他占30%。社保服务在社区内的服务项目远远不及商业保险和金融，亟须更多服务，这就是它的构成。

这个构成的比例也存在问题，比例也不是很准确，有可能银行占40%，社保占30%，也有可能其他占百分之几十，但是这个构成项目总量不变。

第三点是社保市场的意义。一是保险费和存贷的长期性，"独代"的优势就是所有的收入项目都是长期项目，没有一个是短期项目，而且随着业务的发展它的规模会越来越大，是顺向的、呈规律增长的、不可能逆转的市场。

二是收入总量大。虽然其收入转化率没有寿险、财产险那么高，是千分之几或者是百分之几，但是总量很大，虽然比例低但营收总额并不小。每年都在千亿级以上。

三是社区可得性高。虽然这个市场的可得性不及前两种，它在百亿级到千亿级的范围之内，但即便如此，它的总量依旧可观。这个市场的转化率不高——可能只有千分之几到百分之几——但是它的可得性很高，在社区内没有竞争对手，也没有其他实现途径，我们所说的收入全部是它的收入。因此这个收入加起来，要实现几十万元、上百万元的收入也是不难的，是完全有可能的。

综上所述，独立代理人的市场前景极为可观，在当今竞争极为激烈的情况下,能拥有那么大的市场,并且还能有那么大、那么高的发展空间,那么高的可得性,足以成为独立代理人的终身事业;而且也会极大幅度地提高独立代理人的收入水平。

中国的个人保险代理人之所以收入比较低是因为受制度影响,因为在这一行就业的人太多了,最高的时候接近一千万人。同样一块蛋糕,经过千万人分割之后每一份都会很小。独立代理人的收入会很高,这是因为它的人数将会是行业原有总人数的10%左右,未来100%的收入是由10%的人来分享的,同样的蛋糕十分之一的人来分配也十分可观,何况我们刚刚看到,保险市场是一个总量三万亿转化收入几千亿的市场,分配到每个代理人的收入将会很高。

用10%的人完成100%的任务,并且享受100%的收入,按照国际上保险业的收入水平一般会高于人均收入的3至5倍。现在的个人保险代理人收入在社会平均收入之下,而独立代理人的收入将会成倍地增长,有极大的增长空间,值得有志者为之奋斗。不仅事业好,而且收入高。

第十章

"独代"未来地位的
"三个成为"

一项事业在社会中的地位，对于这项事业的发展影响很大，决定着这项事业的前途和命运。

　　比如说，个人保险代理人事业的地位，对个人保险代理人事业发展的影响就很大。当一些人觉得这项事业的社会地位不是很高时，他们就不愿意选择进入这个行业，有些人已经进入了这个行业，又总是对自己的身份秘而不宣，甚至一有机会就急于跳槽。个中原因之一，还是因为在许多人的心里，似乎有一种说不清道不明的低人一等、差人一分的感觉在作祟。这就影响着这个行业的稳定发展。

　　未来中国独立保险代理人的情况不会这样。前面已经讲过，独立保险代理人与个人保险代理人所处保险行业发展的阶段不一样，要完成的使命不一样，其组织形式与经济实力等许多方面都不一样。以下将从独立保险代理人与保险客户关系的变化，与保险行业关系的变化，与社会各行各业关系的变化，看一看他们具体的不同之处在什么地方，以及这些不同又是如何改变独立保险代理人境遇的，一旦这种转变完成以后，独立保险代理人是如何在全社会所有人心目中，去提高中国保险代理人的地位、提振中国保险代理人的形象、提升中国保险代理人的价值的。

一、成为客户身边保险利益的守护神

这是独立保险代理人在事业地位上的第一大变化。守护神在佛教教义中，指人的运气本有盛衰之别，人们在面对不可知的命数时，往往显得茫然无措，需要八大守护神（又叫"本命佛"）守护。

如果人类在风险与保险不确定中，也显得茫然无措，也需要守护神的话，那么独立保险代理人进驻社区，贴身为家庭提供保险保障服务，变不确定为确定，他们就是客户身边保险利益的守护神，也具有佛教守护神的八大守护神功。

一是守护保单持续有效。保险单的有效性很重要，它是实现保险价值的首要条件，在现实中，因为保险单失效而无法领取保险金是常有的事情，其比例有时高达三成以上，不得不引起所有人的重视。

要持续保持保险单的有效性又绝非易事。一是因为家庭的保险单数量是会越来越多的，当保险业发达的时候，人均长险保单在10件以上，还不包括那些大量短期的保险单；二是保险单缴费日期又是最容易忘记的一件事情，除非每年通过银行自动扣缴，且当时卡里有钱才不会少缴。如果是靠人工记忆缴费，其忘记缴费的比例，在国外有项统计，1年后是10%，2年后30%，5年后大部分人都忘记了，其原因据说是因为风险是人们不愿意发生的事，所以容易忘记。三是事关保险单有效性的时点又特别多，比如手机号变化了没有及时报告，不报告保险公司无法提醒你续费，又比如银行卡在某个时点没有钱，银行无法自动扣费，其数量之多，有人也数了一下影响保险单有效性的时间点，单均有15处之多，为世界之最；要求之严也是世界之最。一年期保险单晚一分钟无效，长期保险单，晚两年永久失效，失效保险单不仅保险金额没有，本息也收不回。前面讲过因一女老板有推迟三天付款习惯，损失30万元的案例，这说明一个残酷的现实，时效性无难事，时效性无小事，需要有一个守护时效性的人才是大事。独立保险代理人就要成为这样一个保单时效性的守护神。

二是守护风险尽量少发生。保险不是彩票，许多人是不想要的，只要注重防范，风险也是可以减少的。比如，喝酒是导致车祸的主要原因，如果有人经常提醒可以降低风险50%以上，又比如，经常听健康讲座的人，患大病概率会下降30%。独立保险代理人就是客户身边那个劝你少喝酒，普及健康知识，减少风险发生的守护神。

三是守护出险及时报案。出险不及时报案的极端情况可能导致拒赔。比如超过保险单规定时期，因未及时报案，增加了标的物损失，这个损失要在保险金额中扣除，一句话，未及时报案对保险客户、保险公司都不好。但大多数未及时报案的原因，又是客观原因而非主观原因所造成的。据说有个老太太在公园摔伤花了10多万元，属于公园投保责任范围，保险公司应该赔偿，但知道这件事的时候已经远远超过了报案期，据说还在打官司。常常听到人们说"那我也买了这项保险"，意思是自己不记得。这种事情也是经常发生的，尤其容易发生在团险、责任险等险种上面，这说明遇到保险理赔时需要有个守护神才好。

四是守护责任准确界定。这是客户最担心的事情之一。什么叫保险责任，并不比法律上什么叫不当得利容易理解，很多保险人一生能发生一次就不得了，所以保险App是客户最快删掉的，因为发生概率太低了。但它的重要性又是很高的，不是保险责任范围之内，损失再大，保险金额再高也是白搭，尤其在是或不是这个边缘上的风险，内行比起外行，在定性上的见解就很重要。此时独立保险代理人这个守护神就显得太重要了。常常听到客户说这句话，只要你说是这样，不赔我也放心，就像病人听到医生的话一样。

五是守护保额足额到位。同样这也是一个专业活，需要专业的人来做的。比如说你买了一份重大疾病保险，双目失明到什么程度，双肢全残到什么程度才能全赔，都是一个需要专业签订，据理力争的事情，同样有没有一个公平的说法，有时是比赔多少钱更重要的事，客户身边更需要有一个守护保险金额的公平守护神。

六是守护手续齐全呈送。领钱必须要有手续，一般情况下专业人员办这些并不难，但是一个不专业的人就很难了。这在于要花时间，在互联网时代人又变得越来越懒。有个小伙子车出了险，本来在手机上操作就可以完成，社区服务人员也告诉了他怎么操作，但他还是要业务员操作，这样他觉得放心又省事。这也需要乐于做事的守护神来帮助他。

七是守护赔款尽快到位。保险公司现在赔付越来越快,但是总有一些情况难以让客户满意,这个时候既需要有个人帮他去催一下,又要有一个人安慰他一下。毕竟出险总没有一件好事,尤其是第一次,许多客户总担心什么时候能拿到钱,有时哪怕是早一天,也能让人放心许多,独立保险代理人就是身边那个让他放心的守护神。

八是守护新保更加全面。这是现在和以后独立保险代理人要面临的大量的工作。从完善家庭保险保障体系上看,这项工作的工作量特别大。保险赔得越多,投保人越多,对投保的要求也越高。独立保险代理人要成为千里眼、顺风耳,对风险的预测更准,确定保险金额更多、更合理,真正成为一个"神"才是客户最需要的。

如果上述八项你都做到了,你在客户心中将是一个什么地位呢,就是一个神的地位,当然独立保险代理人不会觉得自己是一个神,因为他们只不过做了一些较专业的事情,但在客户心中你就是一个神,神就是能做成别人做不成的事情。在国外,客户见了独立保险代理人,就像见到一位名医教授,总要打招呼,客气几句,别人问他为什么,他会回答说"总有一天要找他们的"。

二、成为行业市场公平竞争的竞技场

竞技场有几种含义:① 为竞技而设置的场地,中间为表演场地,周围则围绕着观众座位。② 竞技场上，平等竞争，必须遵守竞赛规则。③ 竞技场上讲谦虚，无疑等于宣告自己失败，需要毛遂自荐时，就要当仁不让。

商场有句话叫"不怕不识货，就怕货比货"，其意思是说一个人不怕你不认识货物，就怕你不知道去比较货物，这个比较货物好坏的地方就是竞技场。

把两者结合起来看，对中国保险消费者来说，问题在于他们既不识货，又找不到一个比货的地方，即缺少一个"竞技场"。结果消费了几十年，还不知道这个东西好在什么地方，有的只是"王婆卖瓜自卖自夸"，这样看来，没有一个竞技场，这对客户来说是一个伤害，起码是剥夺了客户的知情权。

没有竞技场，对厂家来说也是一种伤害，起码是剥夺了他的表现权。比如说，某款产品很好，又没有一个公平的地方可比。现在市场上所谓的年度畅销或其他什么名头，无非是一场花钱做广告相互谋利的行为，丝毫没有一点竞技的味道。

没有竞技场，对行业发展也是一个伤害，起码伤害了市场公平性；伤害了公平性，就是伤害了市场的根与本。如果根与本都不好，市场又怎么能好得起来，又能好到哪里去呢。

由此看来，实行独立保险代理人制度，就是要在中国保险行业建立起一个公平竞争的竞技场。因为独立保险代理人具备成为中国保险行业公平竞争竞技场的所有特征、实力与条件。

它有独立的地位。这与竞技场一样,是一种是与否的关系。你的地位能够独立,你就是竞技场;你的地位不能独立,你就不是竞技场。比如,个人保险代理人的市场规模不谓不大,但它不是一个竞技场,因为它没有选择的权力。同理,社区一个小卖部,它却是一个该行业在社区的竞技场,因为它有选择权力。选择就是竞技,竞技就是选择。独立保险代理人拥有这项选择权力,所以它就是一个竞技场。从自身得益上看,如果它不能选择出客户最需要的产品,它也生存不下去。因此,无论从客观上看,还是从主观上看,独立保险代理人都必须成为保险行业的竞技场,它才能生存与发展。

它有专业的水准。这与竞技场一样,是水平高低的关系。一流竞技场汇聚的肯定是一流高手,二流竞技场汇聚的肯定是二流高手,三流竞技场汇聚的肯定是三流高手,以此类推。独立保险代理人应该成为也必然成为一流的竞技场,因为它是为整个保险行业服务的,拥有销售所有公司产品的资质。二是因为社区市场又是兵家必争之地,有一块风水宝地。三是因为他们每一个人都是"职业"选手,在当今市场上又有谁能超越于他呢? 从长远角度看更是如此。因此,独立保险代理人不仅是一个个竞技场,而且是一个个高水平的竞技场。在这个竞技场上的失败者是真正的失败者,在这个竞技场上的胜利者,才是真正的胜利者。有人把中国保险市场的竞争分为上下两个半场,个人保险代理人竞争是上半场,独立保险代理人竞争是下半场,只有下半场的胜利者才是全场胜利者。为此,各类型保险公司无不心存一点忧虑，忧虑的是现在的大公司，未必就是未来的大公司；现在的小公司，未必就是未来的小公司，一切都取决于下半场竞争的结果，所以不得不有危机意识。

它有选择的权力。这说的是竞技场影响力的大小。按照"一切权力归于客户"的规律来看，独立保险代理人的权力是很大的，因为他是终端市场，直接面对客户，说你行，你就行；说你不行，你就不行。中间没有任何人，没有任何可以说话的余地。以一款实体产品为例，如果客户觉得好，"惊险一跃"就过去了，商品就变成了人民币；如果客户说不行，你要么回去改进，要么淘汰，你还有话给谁说，谁又愿意听你说呢？这就是市场，这就是竞技场的残酷性与有效性，是任何人都无法改变的。当独立保险代理人有一天成为客户这个"上帝"的代言人，成了这个权力的行使者，又会发生哪些神奇变化呢？

如果到此，你还对这个神奇的变化有疑虑的话，请你在独立保险代理人的后面，乘69万个，乘365天，再乘14亿消费者，得出的天文数字，你就会确信无疑并心生向往。因为，在中国没有一个企业离开社区市场能够做得大，也没有一个企业拥有社区市场而不辉煌。

三、成为家庭服务产业发展的桥头堡

桥头堡的原义，一是为控制桥梁、渡口而构筑的地堡、碉堡或支撑点；二是泛指作为进攻的地点；三是在敌岸桥梁、渡口或其附近占领的阵地。它用于阻止敌人接近或掩护我军渡河。

桥头堡的寓意是支点。公元前212年，伟大的古希腊哲学家阿基米德说过："给我一个支点，我就能撬动地球。"今天许多企业家为无法触及客户而感叹："只要给我在社区一个服务前端，我就可以满足客户对本行业的更多需要，建立起一个全新的家庭服务行业。"

中国独立保险代理人就是这样一个支点。成为各行各业走进社区、服务千家万户的"窗口""桥梁""纽带"和"桥头堡"，起到现在许多人、许多组织无法起到的作用。

"窗口"作用。窗口作用就是宣传广告作用。宣传广告作用就是品牌建设作用。品牌建设又是生命线上的建设，所以为了生命，许多企业不得不花重金寻找各类窗口进行宣传。比如，传统的有电影、电视、报纸、杂志、户外各种物体，等等。现代的有电脑、手机、百度、抖音等各种网络平台，朋友圈、好友圈等私域地方，都是寸土寸金。就连电梯这个地方，也被江南春做成了一个大产业。独立保险代理人完全可以在社区发挥这个窗口作用，为各行各业宣传企业文化、理念、宗旨等所有想宣传的内容，这种宣传不仅可以省去大量成本，还可以与现代宣传窗口"线下线上"相结合，会更有说服力，效果会更好。

"桥梁"作用。桥梁作用是指信息传递作用。社区不仅可以展示，还可以将展示结果及时反馈到商家，不像有些窗口是一个敞口，这里是一个闭环，可以让客户与商家进行互动。这是所有商家求之不得的事情。比如说，一款新的服务项目在社区展示以后，独立保险代理人马上可以去收集客户反馈信息传递到商家，或者让商家与客户直接沟通。

"纽带"作用。纽带作用是指不仅为你传递信息，让商家与客户互动，还能帮你撮合这个服务，即做成这笔生意。因为沟通目的就是为了成交。成交才是沟通宣传的目的，所以独立保险代理人还能为你促成这项服务。这样对于商家来说更是求之不得的。

"桥头堡"作用。这个作用就更大了，不仅帮你促成生意，还能帮你在促成这笔生意中完成各种攻关任务。许多服务项目尤其是金额更大的项目，不是一次，也不是轻而易举就能成功的事，需要很多次反复沟通，即"拒绝处理"后才能成功的项目。许多很好的项目都是因为这种拒绝处理成本太高而不得不放弃。而天天陪伴着客户的独立保险代理人，最了解客户的心理，最了解用什么方式在什么时候处理会更好。总之，独立保险代理人总有办法解决你所不能解决的许多问题。

第十一章

"独代"未来事业的
"三大常在"

一项事业是否长久，人们极为重视，现代人择业最担心的是半途而废，最忌讳的是功败垂成，最害怕的是后悔莫及。

商道是"人货场"齐备、无商不久。人——就是客户；货——就是业务；场——就是市场，三者缺一不可。市场没了，客户没了，业务没了，事业也就自然没有了。反之，市场常在，客户常在，业务常在，事业自然常在。

以此类推，独立保险代理人的事业不仅三项齐备，而且项项长久。比如，独立保险代理人是在社区创业，社区与天同在，其市场一定长久；独立保险代理人是服务家庭，家庭与人同在，其客户一定长久；独立保险代理人经营风险，风险与物同在，其业务一定长久。其中之要义在下面逐项说明。

以上三者是独立保险代理人事业与其他许多事业相比较，所呈现出来最根本的区别，也是独立保险代理人事业最难得之处，更是独立保险代理人事业最具魅力之所在。

一、"独代"在社区创业——社区与天同在，市场常在

社区市场已经被全世界公认为是人类最后一个、最大一个、最好一个市场。其依据是它的永久性、排他性和可为性。具体说来其内涵不仅十分丰富，而且令人信服。

社区市场是一个永久性市场。市场在原始社会是人类生存的地方，当时消费与生产（包括交易）还没有分离。后来随着生产力之发展，商业之兴起，消费与生产、生产与交易逐步分开，形成人类第一次大分工——农业与手工业的分工，形成第二次大分工，生产与商业分工以后，市场开始形成。

形成后的市场，又从身边走向外边，从社区走向城镇，从城镇走向城市，从城市走向国外，直到没有再走的地方。在许多人看来，市场与人们生活的地方越远越好，物品也是越远越贵。比如，购买某一品牌的产品，总要到大商场去选，到大城市去选，当然最好是到国外去选，即使是一样的商品，他们总觉得国外比国内好，远处比近处好。

人类在追逐完成第一次市场由近及远，由远到更远，以至到国外，到再没有可到之处的千年迁徙之后，似乎现在又在进行着市场的第二次历史性的千年迁徙，从国外走回国内，从城市走回城镇，从城镇走回社区，从外面走回家里。在互联网时代，再远的物品在家里都可以购买，再好的东西在社区都可得到，而且越远越便利，越近越放心。

市场回归社区,如同叶落归根,返璞归真,不可再变,因此,社区才是永久性的市场。

社区市场是一个排他性的市场。排他性有两个意思,一是在同一个行业在同一个社区,最多只有同一家店,别无二店,这是第一个排他性;二是同一个店,必须能满足所有客户的需要,一个店足以满足所有需求,这是第二个排他性。社区店的这种性格,在古今中外,概莫例外。比如,一个社区一个超市,一个饭馆,一个理发店,一个维修铺等,做好了,长期不变,故有百年老店之称。

究其原因还是经济规律所致。任何一个行业任何一种商品在社区的需求总是有限的,茅台再好能喝得起的人数总是有限的;食品再便利,销量也是有限的。门店多了养不活自己。

同样,在社区开设任何一个行业店,经营项目必须"横到边""纵到底",齐全以后再齐全,才能让客户足不出区,才能养活自己。许多保险人想在社区开专卖店,没有不失败的,就是这个道理。比如乡村小铺,其经营项目叫"一末带十杂",就是这个意思。不仅卖酒还卖烟,不仅卖副食品还卖百货,客户需要什么就卖什么,市场有什么就卖什么,只有你想不到的,没有他备不到的。既不给竞争者留下机会,又不让客户留下遗憾。

物以稀为贵。从这一点上看,他与个人保险代理人有着一种本质性的区别,个人保险代理人数量是有多少要多少,可以不计其数;独立保险代理人在社区是一个也不多,一个也不少,寸土必争。许多人因为没有看到这个区别，而产生了一种思想，总想当别人在社区开成功一个店以后，他再来开第二个店，减少试错成本，殊不知到那时，为时已晚。这种机会总是独一无二的。常听一些人后悔说，"当初不要钱给我都不要，现在再花几十万也买不到"，说的就是这个意思。由此说明社区事业是一项宝贵的事业，懂得珍惜方能拥有。

社区市场是一个可为市场。社区编制是很合理的，我们说的社区是政府编制下的行政社区，其编制有着确定的区隔和相对的家庭户数和人口数量。经过几十年的修编改制，现在已经很完备了。一切不多也不少，刚好。社区容量也正好，一般有800－1 000户，2 000－3 000人，再加上一些流动人口，一般能够养活一级政府（村委会），至少有3－5个工作人员，也就一定能够养活一个2－3人的行业门店。社区项目很多，多到任何一个行业你想怎么发展就可以怎么发展，同理，只有你没有想到的，没有在社区做不到的。前面讲过，只要你有新的思维、新的项目、新的方式，就有新的市场。它像自家的"一亩三分地"，想种什么就可以收获什么，什么畅销就销什么。也就是没有种不好的田，只有种不好田的人，这种自我挑战性让一代又一代人不服气，总想着明天一定要比今天干得好，许多百年老店就这样干成了。

二、"独代"服务于家庭——家庭与人同在，客户常在

过去把家庭形容为人生的港湾，指的是人生繁衍生息而离不开

的地方；现在看来，随着互联网、大数据、智能化发展，人们什么地方都不用去，家庭还将成为人类生活、工作、处理各种事务的地方，有家就有一切。这是多么奇妙的变化，多么难以想象的时代，多么巨大的市场。

家庭是一个永久的客户。所以选择行业最好选择终端客户，而不要选择中间客户。中间客户可以消失，终端客户永久存在，而家庭又是其中最长久的客户。

比如说，物竞天择，唯有人竞天下。千年巨变，万年巨变，许多物种泯灭，许多强者消失，唯人类总是越变越强，这说明你与人打交道总是能长久的。

又比如，从经营角度看，其消费又是有规律的，只要你提供生活必需品，这个需求就是永远存在的。比如吃穿住，不管是吃什么，不管是穿什么，也不管是住什么，总是要吃的，总是要穿的，总是要住的。改变的是物质的形态，不变的是永远的需求。

这和有些项目经营是不一样的。项目经营它改变的是客户，不变的是项目，比如一些药物、用品、技术等都是随着需求的变化而变化的。独立保险代理人是以家庭为服务对象的，所以能够长久地拥有。

家庭是一个可为的客户，国是最大的家，家是最小的国。从宏观看，在全社会消费总额中家庭消费占比是很高的，当前"双循环经济"希望拉动的一项消费，主要是扩大居民消费。

从中观看，在扩大居民消费中又是扩大基本消费以外的、用于无形产品的消费，其中扩大保险消费就是最好的一项消费。因为保险消费，一是周期长，一次投保缴费几十年；二是金额大，一份养老保险高则几百万元；三是稳定性高。在美国长期资金市场，机构投资者占比60%，而其中保险资金占比又高达60%以上。在中国远没有达到这个比例，在中国许多属于保险的资金还大量存在于银行之中，需要从银行搬到保险，这就是独立保险代理人这代人的责任。

从微观看，家庭保险客户是大有可为的，前面已经有过具体分析，一个社区平均可得收入都在300万元以上，所以家庭是一个可为的市场。

家庭是一个发展的客户。这是从收入角度看客户，国家经济在增长，人们收入在增长，保险消费在增长。也就是消费盘子总是会越来越大的。这与很多事业是不一样的。比如戴手表的人会越来越少，高糖食品食用量会越来越少，据说在美国还抵制麦当劳、肯德基，说它是垃圾食品。在这里想说明，服务家庭客户你不用担心它消费能力问题。只要人存在，他们的消费能力就会永远不断增长。家庭是一个永不枯竭，永远增长的客户。

三、"独代"是经营风险——风险与物同在，业务常在

人生上百年，风雨满乾坤。从某种意义上讲，人的一生就是与风

险相伴的一生。经营风险就是经营人生。

保险是一项永久性业务。在风险还没有成为商品之前,保险就已经存在了。不过那时承担风险的主体是一个个家庭,家庭才是最原始的保险公司,在人类千年的风险面前,家庭硬扛过了各种风险,用一家之力补偿了所有经济损失。在现代,在家庭保险、企业保险、国家保险三大体系中,家庭保险仍然起着最后的作用。因为企业、国家是转移风险的更好形式,保险事业越来越发达。岁月变迁改变的是保险形式,不变的是保险本身。独立保险代理人的责任只是把这古老的船只驶向未来更加成功的彼岸。

保险是一项可为性业务。这里想说的是它的内涵。传统的保险项目还没有完成,尤其是家庭保险保障项目远没有完成。据一所大学的调研结果表明,一个家庭应该拥有的保障型保险,在城市家庭中不到30%,在农村家庭不到20%。这些年在突飞猛进的保险业务都是一些"存款保险",不是真正意义上的保险种类,而是以一种可能更高的回报,把1%左右的存款,存入保险公司账户而已,所以高层反复强调"保险要回归保障"就是这个道理。传统的保险任务还没有完成,新的保险项目不断涌现,在中国尤其是企业保险、高科技保险、巨灾保险等,还需一代又一代保险人的不断努力。

保险是一项可持久增长业务。人类用于投入保险的投资会越来越多,是不断增长的过程。正常情况下,人们用于保险的资金投入应该占到家庭总收入的20%以上,现在是10%还不到,有很大的增长空间。同时，人们收入水平的总量还在持续增长。这两项收入叠加增长，有人预测中国保险业还有30年快速增长期。其实保险业的增长永无止境，因为人们对美好物质文化生活的向往永无止境。

保险产品佣金要向均衡佣金制方向发展。以重疾险产品为例，当前影响重疾险产品销售的原因是多方面的。既有重疾险价格偏高、客户难以承受的影响；也有重疾险保单继续率下降，影响保险人投资回报率；还有重疾险长期以来找不到新的卖点，难以激发销售队伍的高昂热情。

有实践证明，开发出"均衡佣金制长期重疾险"新产品，使保险期、缴费期与有佣期"三期"同步，可以从根本上改变重疾险生态环境，一举解决影响重疾险销售的诸多问题。一是将缴费期与保险期同步，降低重疾险价格，可以极大提高客户的缴费能力；二是将有佣期与缴费期同步，可以极大提高队伍销售重疾险的积极性；三是实行均衡佣金制，降低首佣，延长续佣，可以极大提高重疾险的继续率水平。其科学有效的实施步骤如下：

第一，进行"寿险均衡佣金制度与产品创新研究"，与监管要求同步，争取监管支持。该项目由南开大学金融学院精算学系承办完成。其项目主要内容为：① 综述国内外有关寿险均衡佣金制度与产品创新研究的理论研究成果；② 论证寿险均衡佣金制度在我国的适用性；③ 适用我国市场的寿险均衡佣金制度与创新产品；④ 完成课题研究报告。

第二，依托研究成果，进行深入细致的宣传与推动，以形成全新市场氛围。将前些年客户本应该购买而没有购买的重疾险补上来，将前些年代理人本应该拥有而没有拥有的收入补上来，将全社会本应该重视而没有重视的程度提高上来。

第三，将本产品打造成为中国独立保险代理人的第一款产品。届时将通过全国各大平台，甄选更多准独立保险代理人进行销售，一方面可以确保新型重疾险销量与质量，另一方面可以促进中国独立保险代理人制度起步与发展，最后争取实现以产品创新推动制度创新、以制度创新推动事业创新的目的。

综上所述，独立保险代理人的事业，在当今这样一个产业过剩的时代，确实是一项千载难逢、无限美好而又无限长久的事业，令人羡慕与向往。

第十二章

"独代"事业还有更大空间

家庭是最小的社会单元,最终的服务对象,最大的消费主体。随着中国经济的持续发展,人民生活水平的不断提高,独立保险代理人在进入社区为家庭提供商业保险服务的同时,受家庭需要的驱动,或受市场供给牵引,家庭必然会有更多中高端行业需求,需要独立保险代理人为其提供服务。

　　独立保险代理人提供的保险服务是家庭中高端服务之一,而家庭今后需要服务的行业,更多的也是家庭中高端服务行业,因此,两者之间具有极大的相关性、互动性与可行性。

　　本章将分析中国家庭中高端服务行业的巨大市场空间,继而分析独立保险代理人为其服务所具有的良好社会经济效益,然后选择社会保险与金融两大领域,介绍其思路与方法,以进一步开阔中国独立保险代理人的视野,让所有独立保险代理人知道,独立保险代理人进驻社区,绝对不仅仅是为所有家庭提供商业保险这一个行业的服务(尽管这个行业已经足够大了),还要为所有家庭提供更多中高端行业的服务。

一、中国家庭中端行业服务的巨大市场空间

按照马斯洛在《人类动机理论》（1943年版）中所提出的理论，人们对物质文化生活的需求是像阶梯一样，从低到高按层次分为五种需要，分别是：生理需求、安全需求、社交需求（爱与归属需求）、尊重需求和自我实现需求。如图12-1所示。

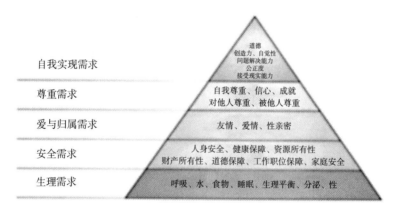

图12-1　马斯洛需求层次理论

其中生理需求为低端需求，提供低端需求服务的行业为家庭低端服务业，它是以提供"衣食住行"为主的农业、工业等有形产品生产及其服务的行业。

提供安全需求、爱与归属需求、尊重需求和自我实现需求的行业，为家庭中高端服务业，它有国家民政、社会保险、乡村振兴等各部门，银行、保险、证券、司法、知识、智囊等社会各行业。

在中国，家庭低端服务业，其历史悠久，市场发达，其传统的线下如超市、餐饮、家政、修理等服务网点，一应俱全，很成熟，很普及，已经覆盖到每一个社区，其人员已经服务到每一个家庭。而像淘宝、天猫、京东、拼多多、美团等大型线上平台及其快递人员基本上也都是为家庭低端需求提供服务的。由此可见，在中国提供低端服务需求的行业已经很发达。

但是在中国，家庭中高端服务业发展却不尽然。中国家庭中高端服务行业的发展情况是，主业都已经很发达，比如国家的民政事业、社会保险事业、乡村振兴事业等都很强大，银行、保险、证券、司法等行业也很发达，知识、智囊等新型家庭服务行业也在兴起，尤其是在县及县以上省会城市，这些家庭中高端服务行业的组织、制度、队伍及其系统、信息、管理等都十分强大。

而从"服务到家"来看，中国家庭中高端服务行业，与中国家庭低端服务行业相比，或与人民需要相比的差距还很大，从整体上看，家庭中高端服务行业还缺少基层服务网络与服务体系这个环节。具体说就是在乡镇街道，尤其是在村及社区这一个层级，基本上都没有其服务网点及服务人员为客户提供线下服务，即通常所说的"最后一公里"没有解决好，从而影响和制约着各个部门和各个行业作用的有效发挥。

2021年2月25日，习近平总书记庄严宣告：我国脱贫攻坚战取得了全面胜利。同年3月9日，联合国秘书长古特雷斯致函习近平祝贺中国脱贫攻坚战取得重大历史性成就。中国人民今后日益提高的物质文化生活需求,将主要朝着家庭中高端需求方向发展。

其市场规模极为可观。到2021年全国居民恩格尔系数为29.8%。这说明现在中国人用于满足低端需求的支出比重已经不到家庭总支出的三分之一。随着经济发展其比重还会进一步降低,而用于满足家庭中高端需求的支出比重,已经占到家庭总支出的三分之二以上,随着经济发展其比重还会进一步提高。

此时实施中国独立保险代理人制度,将中国独立保险代理人这一级组织覆盖到中国所有的社区,将其人员服务到每一个家庭,对完善中国家庭中高端服务行业的基层服务网络与服务体系,解决好"服务到家",打通"最后一公里"问题,无疑是"雪中送炭",恰到好处。不仅填补了市场空白,发挥了历史性作用,而且将从根本上改变中国家庭中高端服务发展状况。

在社区增加一级中高端产品服务企业,增设一支中高端产品服务队伍,对任何一个家庭中高端服务的需求来说,都是至关重要的事情。

对于中国独立保险代理人来说,也是物以稀为贵,人以机而兴,提供家庭中高端服务既是千载难逢,又是价值连城的事。

一是中国家庭中高端服务业市场巨大。家庭中高端服务业市场规模是家庭低端服务业市场规模的两倍以上。

二是绝对的蓝海市场。现在能够在社区立足,能为所有家庭提供家庭中高端产品服务的企业,唯有独立保险代理人一家。以后想在社区立足的企业会更难,因此,独立保险代理人的社区地位,是无人可以撼动的。

三是成本低、效益高。独立保险代理人提供家庭中高端行业服务,可谓客相同,事相近,理相通,一地多用,一人多能,一本万利。

四是无形资产价值高,当政府各部门、社会各行业都通过独立保险代理人向客户提供服务的时候,就是中国独立保险代理人无形资产价值最高的时候。

历史总是公平的。在给予中国个人保险代理人许多磨难以后,又给予中国独立保险代理人如此多的机会,真是时势造英雄,现在就看每一个中国独立保险代理人自己的选择与造化了。

家庭中高端服务行业的内涵极其丰富,既包括国家社保、民政、城市、农村等各部门每一项宏观政策的变化,对每一个家庭的影响,又包括银行、保险、证券、司法、智囊各行业每一个服务项目的推出,对每一个家庭的拉动,还包括互联网、大数据、区块链、智能化等高科技的每一项技术的创新,对每一个家庭的改变,等等,"上面千条线,下面一根针",每一项新的变化都会产生一个新的行业。

独立保险代理人不懂这些全新的行业与全新的技术怎么办?完全不用担心。在现代市场上,任何一个行业的发展,都要求你做好自己的业务就可以了,行业分工会越来越细,专业人做专业的事。比如现在的中国社区工作者,他们根本不懂防疫技术,但却结成了中国抗疫的万里长城,成了中国抗疫史上的无名英雄。

以下将以中国独立保险代理人如何做好社会保险等政府购买服务，如何做好银行、证券等金融行业购买服务为例，介绍一些基本理论、思路与方法，以供中国独立保险代理人今后举一反三、融会贯通做好家庭更多中高端行业服务参考。

二、如何做好社会保险等政府购买服务

社会保险是14亿多人的事业，也是每一个人的事业，更是打赢脱贫攻坚战以后，中国政府最大的民生工程。完成这一工程的关键任务之一是要健全和完善基层经办服务体系，满足人们日益增长的需要。

村级社区是中国最基层的政府机构，中国政府的各项事业一般都是通过这级政府推开的，中国社会的保险事业也一样，一直以来都是通过村级社区这级政府开展起来的，由政府推动的最大好处是力度大、进展快，但其问题是效率低，尤其是许多基层组织人员少，事情多，难以将事情做专、做细、做深、做透、做好。

习近平总书记在党的十九大报告中明确指出，深化机构和行政体制改革，推进管办分离。为落实十九大精神，各级政府部门都在积极行动，加大改革力度。

民政部、中央编办、财政部、人力资源和社会保障部曾经发文（民发〔2017〕153号），《关于积极推行政府购买服务　加强基层社会救

助经办服务能力的意见》。人社部2021年印发《关于借助银行、基层平台等力量推进人社服务"就近办"的意见》，明确到2022年底着力打造城区步行15分钟，乡村辐射5公里的人社服务圈。这些文件说明，中国政府的基层经办服务，已经开始通过市场购买服务来实现。但问题是在中国基层缺乏能够承接购买这类服务的企业与组织。因为现在中国的每一个社区，除了卖货、卖水、吃饭、家政、物业、修理等家庭低端服务行业以外，就没有一家像样的能够提供家庭中高端服务的企业。有道是"隔行如隔山"，要让提供低端服务的人员提供高端服务，显然是不现实的。因此，要承接中国政府基层经办服务，必须先发展基层经办市场与经办主体。

这就是中国独立保险代理人进驻社区以后面临的机遇与挑战。社会保险与商业保险本来就是一个家庭不可或缺的两个组成部分，在宏观上将其分成两大行业，其目的是为了完善家庭保险保障体系，提高家庭保险保障水平；从微观上看，将两者结合起来才有利于实现这一目的，改善客户体验，方便客户实行。因此，无论从哪一个角度上看，中国独立保险代理人都是在社区承接政府购买社会保险经办服务的最佳机构。

中国社会保险事业的规模已经很大。到2021年底其基本医疗保险的全社会覆盖率已经达到99%以上，其基本养老保险覆盖率已经达到95%以上。当全社会所有人都拥有社会保险以后，人们对社会保险服务质量就提出了更高的要求，如建成15分钟服务圈等质量标准要求。因此，在人们期盼中国社会保险事业从高速度发展向高质量发展阶段，中国独立保险代理人在基层的经办事业也必将大有可为。

首先，提高居民养老保险缴费与领取水平。中国基本养老保险从整体上分为职工养老保险与居民养老保险。职工养老保险包括国家公务员、事业单位人员、国有企业、民营企业、个体工商户及灵活就业人员。居民养老保险包括城镇居民、农村农民和一切不能参加职工养老保险的人员。

职工养老保险的缴费主体是企业，其缴费基数以企业单位员工的实际工资为准，加上社会上已经有6 000多家第三方注册机构为其提供服务，所以职工养老保险不是中国独立保险代理人的主要服务对象。

居民养老保险的缴费主体是个人，其缴费档次根据自身收入水平确定，其人员基数大且分布在各个社区，组织管理难度大，加上社会上还没有专门的第三方服务机构为其提供服务，所以居民养老保险是中国独立保险代理人首要服务对象。

当前居民养老保险存在的最大问题是，绝大部分居民选择的养老保险缴费档次太低，比如像北京养老保险缴费档次有年缴1 000元、2 000元、3 000元，每千元一个档次，共九个档次，最高可以年缴9 000元。现在的居民都是按照年缴1 000元这个最低档次缴费。全国其他各省市区的情况基本是都是按照当地最低档次缴费的，按照最低档次缴纳肯定只能按照最低水平领取养老金。

其实国家的政策导向是有经济能力的居民高档次缴费,为此国家以及各级政府先后出台了一系列惠民政策,鼓励居民"多缴多得,长缴多得",提高居民退休以后领取养老金的水平。有试点情况表明,如果在社区可以入户将国家这一系列政策宣传好了,居民的养老缴费与领取水平会成倍增长,国家每年可以增加数万亿居民养老金基数,利国利民。因为绝大部分居民都会愿意且都有经济能力选择较高档次缴费。

因为居民养老保险不仅是国家最好的惠民政策,也是当前乃至今后所有家庭最好的投资项目。一是缴费,国家有补贴。年最高补贴率可达5%,每人最高补贴金额可达一两百元;二是领钱,国家发放基础养老金。北京基础养老金月领800元,活到老领到老;三是个人账户养老金(男120个月,女170个月)领完了,国家兜底,活到老领到老;没有领完的个人账户养老金,可以返还给家人;四是个人养老账户资金存款利息高,近10年年均为8%左右;五是国家根据经济发展情况,每年提高基础养老金水平。知道这些好政策的人没有不多缴的。

有人会问国家没有授权我怎么宣传呢?担心其合法性问题,这是不了解国家的政策情况。因为宣传党和国家富民好政策,根本不需要任何人授权,都是公开的,知道的人越多越好,再说我们只宣传,并不办理,办理还是要到政府部门,这有什么不好,有什么可担心的呢？更何况这项服务做好了利国利民，而且其涉及面广，影响大，工作难度小，谁不想提高养老金水平？这是所有独立保险代理人切入客户的最佳途径。

第二，提高个体工商户和灵活就业人员的社会保险水平。个体工商户和灵活就业人员是当前社会保险还没有完全解决好的又一大群体，尤其是灵活就业人员，随着网上办公增加，灵活就业人员群体会越来越大。职工社会保险有企业为其办理，居民社会保险有属地村级社区为其办理，个体工商户和灵活就业人员长期异地经营或上班，既缺乏组织管理，又难以属地管理，日常经营很忙，流动性较大，所以很难组织好为其办理各项社会保险。

另一方面他们又是市场经营的主体，或是劳动就业大军，既具有参加社会保险的经济实力，又处于参保的最佳年龄，更面临着较大经营风险，急需有一个基层企业或组织帮助他们解决好社会保险问题。独立保险代理人在城市作为社区，在乡镇作为村级专业保险服务机构，完全有机会有能力做好中国个体工商户和灵活就业人员这个群体的社会保险工作，以完善基层保险保障服务体系。

国家及各级政府相继出台了很多优惠政策，鼓励个体工商户及灵活就业人员参加社会保险，比如降低个体工商户及灵活就业人员养老金缴费比例到20%，比企业低4%，其中12%进统筹账户，8%进入个人账户。缴费基数为当地在职职工工资的60%—300%，企业养老金缴费基数受企业成本所限不可能提高，个体工商户及灵活就业人员则没有这个限购，只要经济实力允许，就可以选择较高标准缴费，其退休后领取的养老金水平也可以大大高于现在许多企业按实际工资基数缴费的退休养老金水平。

因此，在城市，尤其是一、二线城市社区的独立保险代理人，应注重做好灵活就业人员社会保险，这类人才是需要服务的主体。在县及县以下村级独立保险代理人则主要要做好个体工商户社会保险工作，不仅要做好基本养老保险，还要做好工伤、失业、生育三项保险，这三项保险对他们来说同等重要。

第三，做好外出打工人员社会保险归集工作。外出打工人员是中国改革开放的产物。孔雀东南飞，每年有数亿人次到经济发达地区上班工作，他们在推进沿海地区经济腾飞的过程中，也为自己为家乡积累了财富，不少打工地方的企业也按照国家规定分别为他们办理了各种社会保险。时至今日，第一代、第二代、第三代年事已高的外出务工者相继回乡以后，其散落在各地的养老保险金并没有转移回来，尤其是那些没有养老保险意识的人，很多人还不知道企业为其办理了养老保险。经跟踪调查发现，其人数之多，其金额之大，超出了我们的想象，一家人少则几千，多则几万；一个乡镇少则几十万，多则几百万；一个县市少则几百万，多则几千万、上亿元。外出打工人员对这项服务非常欢迎，当地政府也十分重视，因此，独立保险代理人若能在当地做好这项工作，其意义十分重大。

第四，做好就业与劳务输入及输出工作。充分就业始终是各级政府工作的重中之重。中国劳动就业市场化程度虽高，但信息不对称问题也很严重，尤其是在社区这个层级缺乏一个有效传导机制，不能把家庭劳动力供应状况与市场需要有机结合起来。政府劳动部门、社会上第三方服务机构都曾为在社区建立起一级劳务机构而进行过努力，但都终因成本无法覆盖而放弃。

中国独立保险代理人进驻社区以后，每天与各个家庭打交道，对各个家庭收入来源、家庭状况、就业需求等情况了如指掌，现在国家层面、省级层面及企业层面劳动就业信息平台都很发达，独立保险代理人只要把它当成一项事业来做，是完全可以做好的。这项事业做好了，不仅政府支持，家庭感谢，企业欢迎，独立保险代理人也将因此拥有更多获客渠道与创收项目。

社会保险还有很多项目可以服务。一是在基本医疗保险中做好服务，可以提高人们的满意度；二是在"五险"中做好服务，提高失业保险、工伤保险、生育保险等的社会覆盖率。在助残帮困中做好服务，可以彰显公平。

当然要做好这些社会保险基层经办工作，首先要争取政府购买服务，由政府提供经办场地，提供经办信息，提供经办经费。独立保险代理人进驻社区办公，完成经办任务，按照经办效果享受经办利益。

这是理想方式，也是经过努力可以实现的方式，对此中国独立保险代理人要有信心。跟政府办事，只要是好事，政府一定是会办的。

有过与政府合作经验的保险人知道,中国职工居民大病医疗保险就是这样形成的。开始人们也不理解为什么大病医疗保险要交给商业保险经办,后来的实践证明,由商业保险经办比社会保险经办更好,所以全国大病医疗保险都交给了商业保险经办,甚至有的地方还在试点,把基本医疗保险经办也交给商业保险经办,减轻政府压力,提高经办人员积极性。

万事开头难。独立保险代理人的首要任务,就是要想尽各种办法把第一件事情办好,办到客户满意,政府满意,以干救助,以诚感人,终究是可以成功的。

成功了以后,独立保险代理人就拥有了政府背书,其公信力不仅可以做好社会保险的各项经办工作,还可为客户做好更多服务工作。

三、如何做好银行、证券等金融行业的购买服务

这又是一个与人民群众联系最密切的行业。

中国金融业主要由银行业、保险业、证券业三大行业组成,每一大行业内部又由很多细分行业组成,每一个细分行业又由若干个业务单元组成,每一个业务单元又由很多客户组成。

中国的银行业、保险业与证券业,随着互联网金融的发展,其信息与客户越来越近,但随着其分支机构经营网点的大规模收缩,其服务网点、服务人员与客户却越来越远了。

独立保险代理人是这三大行业中第一个走进社区的，在每一个社区开设实体企业，配备专业人员，提供人性化服务，这是历史性的突破，是开创性的发展，必将书写出金融行业为民服务的新篇章。

中国邮政在全国有5.4万个服务网点，覆盖全国100%的乡镇。凭借这些网点办保险保险兴，办银行银行旺，办快递快递强，办任何便民项目都能办得有声有色，被誉为世界第一大服务平台和服务网络。

中国独立保险代理人全部建成以后有69万家，覆盖全国100%的社区，这个服务平台及服务网络比以上世界最大的（中国邮政）服务平台与服务网络还要大十倍，这是个什么样的概念，又是一个多么大的空间，真是让人无比期待。

有道是"近水楼台先得月"。在宏观上，将金融行业分成银行、保险、证券三大行业，是为了防范风险，实现专业化经营；在微观上，将家庭金融分成存款、保险、证券三大资产，是为了规避投资风险，提高理财水平。存款离不开保险与证券，证券离不开存款与保险，保险离不开存款与证券，三者既密不可分，又相辅相成。一个优秀的独立保险代理人，必然也是一个优秀的银行人、一个优秀的证券人。一个称职的独立保险代理人，既要为家庭制订一个优秀的保险计划，也要为家庭制订一个优秀的存款计划，还要为家庭制订一个优秀的证券计划。

在金融业发达的国家或地区，家庭理财顾问都是"三位（银行、保险、证券)一体"的金融专家，缺一不可。据前些年的媒体报道，在美国有一个叫爱德华·琼斯的证券经营公司，其经营绩效曾做到美国乃至世界金融服务业的顶尖水平，比同期美林等世界银行业巨头的经济效益还要好，尤其是在1998年亚洲金融危机发生以后，其他金融行业哀鸿遍野，它却一枝独秀，就是因为培养了"三位一体"的金融专家。

在中国，在综合金融领域，尤其是在社区这个直接与客户打交道的环节上，"三位一体"的价值与作用也十分明显。有三个结果性数据能够充分说明这种效益。有家金融集团存贷款规模三分之一来自"三位一体"的个人保险代理人，而且质量很高，坏账率不到十万分之一；个人保险代理人三分之一的收入来自存款、理财产品收入，而且获得成本极低。"三位一体"客户的满意度与忠诚度高于其他客户三分之一，而且其比例会越来越高。这又说明未来家庭金融一定是综合发展方向。

金融的本质就是信息对称。高质量金融服务体系，在现代信息技术、大数据、智能化计算日益先进的情况下，再加上每个人的"百闻不如一见"，不是更加可靠了吗？

未来中国保险代理人的最大价值就是对客户的了解，了解到什么人有钱，什么人缺钱；什么时候有钱，什么时候没钱；什么时候存钱，什么时候贷钱；什么人经济实力强，什么人经济实力弱；什么人信誉好，什么人信誉不好。就像有首歌唱的那样，独立保险代理人对每一个家庭的了解，了解到"从来都不用想起，永远也不会忘记"的境界，到了这样一种境界，你说中国独立保险代理人，是不是可以为整个金融行业的发展提供更多更好的服务呢？

保险行业覆盖4亿多家庭14亿多客户，社会保险覆盖4亿多家庭14亿多客户，银行证券业覆盖4亿多家庭14亿多客户，在社区，他们都是中国独立保险代理人服务的家庭和客户。

有位专家曾经把社区比喻成"堡垒"，进而推断，在中国谁占据了社区，谁就在中国占据了一个攻无不克、战无不胜的"堡垒"。因为未来什么都不缺，唯一缺少的就是客户；谁拥有客户，谁就拥有天下。

中国独立保险代理人，应该就是占据社区、拥有客户的这些人！

第十三章

她，毅然走上中国独立保险
代理人之路

小易永远也不会忘记，三年前她大学毕业，搬到上海松江九亭一处居民小区租房子住。秋天的早上，她到河边晨跑，累了歇坐在凉亭上晨读。一位小区的邻居大叔同她见过面，只是从来没有打过招呼。他走过来，离得不远，站定了，轻轻地说了一声："哦，原来你在这里读书呀！"

　　小易假装没有听见，继续读她的书。他走近来，悄悄地问："你是做什么的？"小易说："卖保险的。"邻居大叔很诧异，也没再说什么，站了一会，就走开了。

　　等小易回到小区，邻居大叔早已等在她家门口，说要买保险。不仅他自己要买，他的家人也要买。小易吃惊地问为什么？

　　邻居大叔告诉她，这么多年，找他卖保险的人每月都有。他只要听说"卖保险"这三个字，就感到无趣，都不愿意搭理。但是小易是个读书人，他相信读书人。保险是个好东西，他要找值得相信的人买。

　　签保险合同时，小易再三叮嘱邻居大叔要好好阅读合同里的保险条文。邻居大叔说："我是看人的，我相信你，就不用看了。"逼得

小易还特意拿出随身带的《中华人民共和国保险法》文本，念其中第
十六条和第十七条给他听：

　　第十六条　订立保险合同，保险人就保险标的或者被保险
人的有关情况提出询问的，投保人应当如实告知。

　　投保人故意或者因重大过失未履行前款规定的如实告知义
务，足以影响保险人决定是否同意承保或者提高保险费率的，保
险人有权解除合同。

　　前款规定的合同解除权，自保险人知道有解除事由之日起，
超过三十日不行使而消灭。自合同成立之日起超过二年的，保
险人不得解除合同；发生保险事故的，保险人应当承担赔偿或者
给付保险金的责任。

　　投保人故意不履行如实告知义务的，保险人对于合同解除
前发生的保险事故，不承担赔偿或者给付保险金的责任，并不退
还保险费。

　　投保人因重大过失未履行如实告知义务，对保险事故的发
生有严重影响的，保险人对于合同解除前发生的保险事故，不承
担赔偿或者给付保险金的责任，但应当退还保险费。

　　保险人在合同订立时已经知道投保人未如实告知的情况
的，保险人不得解除合同；发生保险事故的，保险人应当承担赔
偿或者给付保险金的责任。

保险事故是指保险合同约定的保险责任范围内的事故。

第十七条 订立保险合同，采用保险人提供的格式条款的，保险人向投保人提供的投保单应当附格式条款，保险人应当向投保人说明合同的内容。

对保险合同中免除保险人责任的条款，保险人在订立合同时应当在投保单、保险单或者其他保险凭证上作出足以引起投保人注意的提示，并对该条款的内容以书面或者口头形式向投保人作出明确说明；未作提示或者明确说明的，该条款不产生效力。

这是小易签的最后一份客户保险合同。

邻居大叔诧异的眼神，以及知道她是读书人之后的那种信任，一直存留在她的心中，长时间地挥之不去，似乎暗隐着还会有什么发生似的。

签完这个合同后不久，小易就从保险公司离职了，从九亭搬回市区居住，回到大学所学的法律专业岗位上工作，很快考取律师资格证，从助理律师干起，满一年后申请转为执业律师。短短三四年的时间，小易已成为上海滩一位小有成就的律师，每天不是在陆家嘴办公室接待客户，就是带着助理处理案件，工作忙碌而充实。

一切都像冥冥之中已有安排，当小易再次接到那个邻居大叔的电话时，就二话不说，立刻放下手中的案子，打车朝电话中邻居大叔约定好的会面地址飞奔而去。

原来，邻居大叔今年3月份突发急性重症胰腺炎，在医院ICU待了20多天，花了近20万元的医药费之后，总算是捡回来一条命。邻居大叔找到保险公司申请理赔，没想到保险公司却以他隐瞒健康状况为由拒赔。

当初邻居大叔跟小易签保险协议的时候，小易几次三番地对他进行过健康告知：

> 人身健康保险是以健康的人为标的进行投保的，非健康体一般是不能进行投保的。

看到邻居大叔因信任小易而一副不在意的样子，小易还特意拿出《中华人民共和国保险法》念给他听。也就是说，在健康告知和客户提醒方面，小易已做到了她所能做到的事。这回邻居大叔也承认这一点，但看到大叔后悔的表情，小易第一时间想到的不是推脱责任，而是想办法帮邻居大叔把已缴过的保费，尽量争取一部分回来。

按照保险公司的规则，如果是由于健康告知没做到位，出现因隐瞒健康状况而拒赔的现象，投保人是有理由索回部分保费的。然而，小易深知，做这件事比较麻烦。

不管有大多麻烦，无论是出于责任、良知，还是出于当初邻居大叔对她的那一份信任，小易都决心暂停手头的律师业务，帮大叔处理眼下的问题。

小易从来都不是见花落泪、对月伤怀的女孩，大学学习法律专业之后更加清醒、冷静和理智。律师是这个世界上最为理性的群体。看到小易暂停自己手头的工作，不顾一切地花时间和投精力去处理本来可以不管的遥远的事，律所的同事便开始揶揄她："小易，这不是平时的你。难道你会超越自己的职业属性和知识本能？"小易微微一笑，不予回答。

是的，律师这一职业，靠咨询和时间谋生，思维的惯性是，做什么都要跟利益挂钩。但是律师也是人，一个人再理性，若是碰到欣赏你、无条件相信你的人，也是会不顾一切的。

在做事上，小易有她自己的做事原则：一个是朋友帮忙原则，一个是商业利益原则。朋友帮忙原则讲求的是开心、快乐，为自己能帮到朋友感到无比荣幸，这跟利益无关。

商业利益原则讲求的是投入、回报，对自己投入多少能回报多少，算得一清二楚，跟利益最大化相关。

一、这个行业怎么啦？

三年后再次回到原先上班的保险公司大厦，恍如隔世。

前台还是那个前台，门口鱼缸的鱼还是那条鱼，会议室还是那个会议室，但这里已没有一个她认识的人了。这种熟悉又陌生的感觉，小易生平第一次体会到。她甚至不知道该怎么跟老东家的同事打招呼，不过老东家的同事还是很配合，按正常退保流程，给邻居大叔退了部分保费。

事情办完后，她给前同事小张打了个电话。小张在小易离开保险行业后，继续干了半年，也离开了保险行业。他在电话里说："当年和咱们一起入职的新人有84人，做了半年就走了62人。剩下的22人在9个月后又走了一半，能做满1年的，只有3个人。"小张是最后走的一个。一共也才做了不到1年零2个月。

保险行业本身就是一个流动性很大的行业，有人进来有人出去再正常不过，没必要大惊小怪。小易虽然只在保险行业待了不到半年，大致也知道这个行业流动性大的特点，但听到小张的话还是着实吓了一跳：这个行业怎么啦？

不管是行业自身的原因，还是行业发展到一定阶段必然产生的原因，小易打算弄明白是怎么回事。本着"有问题，问百度"的工作习惯，回到家里，打开电脑，一行行数据通过百度搜索呈现在小易面前：

2022年3月17日，中国平安公布了上市险企的首份2021年财报，数据显示，截至2021年末，平安个人寿险销售代理人数量为60万人，相较2020年末的102万人，减员42万人。一年间减少了41.2%。

......

　　银保监会最新数据显示，截至2021年末，全国保险公司在保险中介监管信息系统执业登记的销售人员641.9万人，其中代理制销售人员为590.7万人。相比去年，短短一年时间代理人数量锐减252万人，降幅达到29.9%。

　　小易看得心惊肉跳。她本来是一个很理性的人，此刻也难以抑制自己的情绪。

　　等冷静下来，往事一幕幕浮现在眼前。

　　保险是个好东西！这是小易自从在大学四年级下学期接触了保险后就坚信不疑和坚定不移的认识。

　　卖保险在小易看来是一件很崇高的事业，因为它帮助人们只要花很少的钱，就能抵御原本无法考虑的小概率风险，就能着眼未来20年、40年甚至60年以后的生老病死。没有什么比保险更好的事业，也没有什么比保险更能帮助到人。

　　做保险事业，就是做福报，这不仅仅是保险公司早会所提出的口号，而且也是客观存在的事实。

　　如果把时间尺度拉长到30年、90年、600年、4 000年来看，保险是中国商业文明、人类商业文明不可或缺的一部分。平安人寿保险公司前董事长丁当先生在《保险向善，迈向新保险文明时代》一文中，这样概括保险对人类文明的核心意义：

通过风险管理，赋予人类勇于创新的勇气，加速现代工商业文明发展，推动人类社会进步！保险是商业文明能够大胆开拓、勇于创新的基石。保险为大航海时代劈风斩浪的航船保驾护航；为工业时代的汽车上路、飞机上天消除后顾之忧；让遭受疾病或意外伤害的人们能够重新恢复有尊严的生活。如果没有保险的风险分摊和转移机制，人类文明的尊严和道德底线就无法真正建立。

从人类有记载的古巴比伦王朝开始，到1384年意大利出现人类历史上第一张保险单，到1929年中国的上海出现第一家保险公司，再到1991年中国第一部《保险法》的出现，小易如饥似渴地阅读着她所能读到的记录保险历史的书籍。

在大学四年级下学期卖保险之前，小易所有的知识、见识以及对社会的看法，几乎都来自书本。从小学、初中、高中到大学，她除了跟父母、亲戚、同学和老师打交道外，几乎没有走出过这个狭小的圈子，是读书让她了解和认识到了这个狭小圈子以外的大千世界。

卖保险让她跟这个大千世界第一次"亲密接触"，她把每次与客户的交谈，都当作一次学习和提升自己的机会。

白天跟客户谈完，遇到不懂的地方，就用笔记记下来。晚上回到家里，打开电脑问"度娘"，再不懂的地方，就找各种保险相关的书籍来学习，还是不懂，就问公司里的同事，就这样"在游泳中学游泳，在打仗中学打仗"，小易踏上了自己的第一次职业之路。

从某些意义上说，在大四下学期卖保险，这段经历是她接触社会的起点，她很幸运有这个起点，也很感恩有这段经历。虽说是实习，但由于课少，几乎等于正式上班。半年的时间，足以让一个社会小白跨出从学校到社会的第一步。

这是非常坚实的一步。从2018年6月走出校门，也只有短短三四年的时间，小易身边的不少同学还沉溺在过去，想回到校园的美好时光中。与同龄人相比，与实际的年龄相比，小易已经跑在她的同龄人和实际年龄的前面。不管是见识、阅历、经验，还是解决问题的能力，小易都远远将她的同龄人甩在了身后。

为什么会这样呢？小易之所以能超越她的同龄人，源于她身上的三个优点：

第一个优点是，求知的动力和学习的能力。只要遇到不懂的地方，她都会第一时间回家打开电脑问"度娘"，再不懂的地方，就是找相关的书籍进一步学习。在这个碎片化的时代，迅速查询、搜索知识和信息的能力是基本功。有了这个基本功，个人知识的积累和能力的提升只是时间问题而已。

第二个优点是，读书的兴趣和能力。微信、微博和抖音的年代，加上律师行业快节奏的工作，个人生活和接触的信息已被严重碎片化，个人注意力很难持久，但不管多忙，小易每个月都会抽出2天至4天，关掉手机，远离电脑，放下微信、抖音以及所有工作，一个人走进图书室悄悄看书，轻轻默读，静静思考。爱读书的女孩，运气不会太差，小易相信这点：读书，思考，然后走向大千世界，去"学以致用"。

第三个优点是，遇到困难毫不回避的处事原则。她始终坚信：一个人绝不可以在遇到困难的时候背过身去试图逃避，若是这样，只会使困难加倍。但如果立刻正视它，知难不退，迎难而上，事情就会得到合理的解决，即便最终解决不了，也能从中总结经验和接受教训。

有卖保险的前辈告诫小易说："销售员面对客户，通常的结果都是失败的占多数。"小易仔细回顾了自己从事保险的这段经历，感觉卖保险也并没有前辈说的那样玄乎。或许，这也来源于自己以上三个优点吧。

离开校园，一个人生活、工作，老妈已不再管她了。这源于老妈对小易的肯定，说她是生活自理能力和环境适应能力特别强的女孩。上海离重庆那么远，想管也管不着，索性就不管了。

老妈对保险是反感和鄙视的。小易十分清楚地记得，当初她跟邻居大叔签下保险合同后，兴奋之余，便给远在重庆老家的老妈打了个电话，没想到老妈劈头就叫骂道："不许你大学毕业后还卖保险，丢人现眼！"

小易深知，卖保险，存在理想与现实的矛盾纠结，在网上随处可以搜到"一人卖保险，全家都丢脸"的负面信息，但也随时可以搜到某人生病后因得到保险公司的赔付而渡过难关的正面案例。小易陷入了沉思。一切的行为和表象，都有其底层逻辑和深层原因，小易决心做一次深层的复盘。

二、剪不断理还乱的"卖保险"

复盘，原本是一个围棋的术语，是指围棋爱好者把对弈过程还原并且进行研讨、分析的过程。把它运用到生活和工作中，就是一个很好的工作和学习的方法。

小易还记得，大四下学期那年刚接触保险，从保险公司培训回来，兴高采烈地给老妈打电话，告诉她自己想去卖保险。没想到电话那头老妈大声地叫起来："你疯了！老妈辛辛苦苦花钱让你读书，把你培养成大学生，难道是想让你跟街坊邻居一样卖保险吗？！"

等缓过神来，老妈平静地告诉她：家里的亲戚，谁谁谁卖过保险；街坊的邻居，谁谁谁卖过保险；同学的同学，谁谁谁卖过保险。老妈认为，小易被保险公司给洗脑了。

老妈尽管发怒，但还是讲理的。她不反对保险，但是反对卖保险的人。小易花了很多力气，才勉强说服老妈让她尝试去做这件事。末了，老妈强调说："你一个人在上海，也快大学毕业了，还没找到实习的地方，通过卖保险锻炼一下自己，获取一定的社会经历也可以。"不过，老妈再次强调，在上海卖保险老妈可以不管，但千万别跟老家的亲戚朋友提这个事，一个字也不许提。

小易出生在一个重视教育的家庭，虽然父母是县城的生意人，但不管再忙,也会把对孩子的教育放在至关重要的位置。小易的父母教育孩子很有一套:只要小易看书,父母什么事情都不让她做;只要不看书,父母什么事情都叫她去做。小孩子爱偷懒,逃避干活和做家务,无形中养成了读书的习惯,以致从小学、初中、高中到大学,小易和社会的接触非常有限。老妈也担心她从校园出来,一时半会适应不了社会,才答应让她卖保险锻炼。

老妈越是反对,小易越是好奇。但这并不是对老妈的叛逆,而是小易自身对保险这件事的认可,与社会大众对保险极其负面的印象形成如此强烈的反差,小易自己非得投入这个行业看个究竟不可。

这应该也跟小易学的法律专业相关。在法律领域,作为法律专业的学生,你必须多听,听正的说法,同时也听反的说法。当正的说法和反的说法两者分歧很大的时候,除非是明显的常识、逻辑和推理错误,否则你就得正视这个实事,通过调查、实践和亲身经历去认识它,进而更加理解它。

对于卖保险,不能简单地以绝对的好与不好加以判断,卖保险客观地存在着好与不好。

自然,对卖保险的进一步认识,作为书呆子的小易,作为社会阅历几乎空白的小易,最好的途径和方法还是读书。通过海量的信息查询和读保险相关的书籍,来了解这个行业和从事这个行业的人们。

在中国商业史上,从行业诞生或出现时起,已连续20年、30年,至今仍然保持飞速发展势头且丝毫看不出缓下来的行业,在改革开放后的中国其实也并不少见。但如果进一步讲，这个行业保持旺盛发展势头的背后，让无数人看不起该行业的从业者，同时也让无数人在巨大的争议中前仆后继地加入和从事该行业，扳起指头数一数，也数不出几个。保险，应该算是其中一个。

为了一探究竟，小易十分好奇地跟老妈聊起保险来。老妈告诉她，在她们重庆老家的小县城，地方不大，人也不多，但全城每5个人中就有1个人卖过保险。老妈每次跟小易聊保险，均一脸鄙视。过于情绪化的表述，只会凸显事实的负面，不能采信。

每次跟老妈打电话，总是话不投机半句多，反倒是跟老爸更有共同语言。老爸虽然对卖保险也有负面的看法，但还是欣赏那些卖保险的人，欣赏他们"无数次上门，无数次被拒绝；无数次再上门，无数次再被拒绝"的不服输精神，欣赏他们阳光灿烂、遇到苦难仍保持笑容的乐观心态。老爸说，小易学的是法律专业，法律专业是跟人打交道的专业，进保险公司锻炼一下很有好处。

小易记得，一个保险界的老前辈说过。从1992年友邦保险把个人保险代理制度带到中国后，至今30年的时间，估计有超过1.2亿中国人做过保险。每10个中国人中，就有1个做过保险。换句话说，每个中国人要么自己卖过保险，要么身边有亲戚朋友卖过保险。

如此数量众多的个人保险代理人，意味着传统的保险业对于个人保险代理人的要求并不高。不论这个人过往的经历如何，只要经过保险公司的基本培训，加上背诵一段时间考题，基本都能通过个人保险代理人的考试，拿到保险业的执业资格。即使个人保险代理人不甚理解保险合同条款和保险的本质，也能向客户销售保险，拿到高额的销售佣金。

然而，保险行业其实并不简单，保险业与银行业、证券业并立，属于传统的金融业三大支柱。保险业不同于其他金融业的是，它实现自身价值依靠的是售后服务，这意味着，并不是所有的人都能做好保险。

个人保险代理人制度的设立，只为了实现保险行业的增量，事实上每年的保险总营收也确实在不断增长，但在这高速增长的背后，有着深深的隐患。

不同年龄的人，不同性别的人，不同能力的人，不同学历的人，都有不同的办法，八仙过海，各显神通。于是，这个行业中负面的成分、负面的手段以及负面的结果，在不断累积中无限放大，导致这个行业成为"过街老鼠"。网上有一段话这么描述保险：

> 保险在中国发展的很长一段时间里，人们往往"谈保色变"。得知一个人是"卖保险的"，许多人顿生防备心理，"是不是骗人的"；有人买了一份保险，会疑惑"是不是被人骗了"；有人邀请你一起卖保险，则警觉"是不是要拉我入传销组织"……

传统保险行业吸纳了形形色色的人等，只以销售和业绩为目标，忽略了保险行业的本质和价值：分散风险，保障未来。

2015年年中，有一篇文章《谁要是再说卖保险的是骗子，你就给TA看这个》写道：

> 别再说保险都是骗人的了！今天，请你听我说：
>
> 1994年，平安正式引入个人首先营销体系，诞生了国内民族保险第一批个人寿险业务员。他们走街串巷，挨家挨户向中国大众普及保险概念。
>
> 1994年至今，我们未曾改变。
>
> 虽然保险业务员的工作有着外人难以想象的困难，但我们却有着独特的感受和幸福，我们一直"痛并快乐着"，保险业有着充满活力的机制。根据公司的管理机制，我们的发展机会是由我们来把握的。不像其他领域那样，一个人的晋升权由别人把握，需要仰人鼻息，被领导研究来琢磨去。能干的不一定被重用，被重用的不一定能干，就像那副对联："说你行你就行不行也行，说你不行你就不行行也不行"，横批"不服不行"。当我们的工作成果达到一定标准，就能够顺理成章地得到晋升。那些积极努力的人，不仅不会受到别人的冷嘲热讽，相反会得到尊重和敬佩，赢得别人真诚的祝贺掌声。
>
> 保险业是不断学习的生动课堂。
>
> 我们要进入保险行业：

1. 通过保险代理人资格考试，为此我们要学习保险基本理论、保险行业的法律法规、保险从业人员的行为规范。

2. 与我们签署代理合同的保险公司要给我们做上岗前的培训，培训能够进一步强化我们对保险的理论知识、法律法规、行为规范的掌握。

3. 保险公司的业务流程介绍，以及产品知识的培训，特别是保险销售部分的培训，对我们的帮助非常大。培训老师既给我们讲授知识，也给我们做示范，还带我们一起参与。还有一个环节就是对我们每一个人进行一对一的通关考试，来检查我们是否已经掌握了所学的内容。

有了这样的经历，对我们提高心理承受能力非常有帮助，使我们在出门销售之前，先有了对保险销售的感性认识。

我们的早会不是传销会。

在我们走上工作岗位以后，时时刻刻都在进行培训，每天的早会就是一个大课堂。

1. 最新的时政要闻是我们必须要了解的，大环境因素对人们的购买行为会有很大的影响。

2. 成功的案例分享也是必不可少的，他人坚忍不拔的毅力很有鼓舞作用，他人的智慧运用对我们也有启迪。

3. 对产品的深入研究和探讨是早会的经常性内容，因为掌握不了产品的特点就像是士兵不熟悉武器一样。

4. 对金融知识的补充是早会的一个重要部分，了解不同的理财方式，挖掘保险的特殊作用，有利于我们帮助客户做好财务规划。

5. 同事间的互相交流也是一种非常好的学习方式。在浓烈的学习氛围下，我们始终受到感染和熏陶，不断提高个人能力。

无论是思想方面的启迪，精神方面的奖励，还是技能方面的提升，都可以在我们的早会和培训中有所收获。而歇斯底里地教致富，煞有介事地讲精英，装腔作势地谈管理，在保险业是没有市场的。

保险业是奉献爱心的伟大事业。

我们不是虚伪的人。

保险是责任、爱心、诚信、信誉的体现，保险从业人员是爱心的传播者，是福音的传递者。保险不仅具有防灾防损和保值增值的功能，还具有促进社会稳定的作用。它在诸多方面为社会化解矛盾、为政府承担责任、为百姓分担忧愁，在建设和谐社会的过程中，发挥着不可替代的作用，是一个具有大爱情怀和社会责任的行业。

也许有人会说，保险营销员不厌其烦地给客户介绍保险，是为了自己的收入，这话不错，但也不完全正确。我们不仅是在考虑自己，更是在关心客户。我们给客户推荐的保险产品不是以我们的收入多少为目的，而是以满足客户保障的需求为出发点的。有些保障类型的产品带给我们的收入是微不足道的。但我们只希望客户寿险拥有保障。每当客户在保险合同上签字的时候，我们的内心都充满幸福感，客户使他的家庭得到了保险的呵护，他们的人生路上自此有了安全感。给别人送去了幸福，我们同样非常幸福。

保险业有一个鼓励先进、彰显英雄的环境。

在保险业大浪淘沙的过程中，沉淀了越来越多的保险精英。曾经风靡全国的电视剧《北京人在纽约》中有一句经典对白，微调一下非常适合保险业——"如果你爱一个人，就让他到保险公司来，因为那里是天堂。如果你恨一个人，就让他到保险公司去，因为那里是地狱。"

最好的职业，但它的确是魅力无穷，又能够改变人的事业！

让年轻人变得成熟老成，让年长的人变得朝气有活力，让内向的人健谈活泼，让外向的人变得稳重淡定，让有惰性的人变得勤奋积极，让散漫的人变得自觉高效，让口拙的人变得能言善辩，让每个人在交流沟通的过程中广交朋友、传递爱心、获得收入。

从这个意义上讲，保险的确是天堂。

我们不是虚伪的人。

每当我们为出险的客户送去理赔金，我们更感觉到了行业的高尚，由于我们的努力，使客户在灾难来临的时候，能够享受到保险的关爱，保证他的人生没有因为意外的出现而发生危机，而对于没有购买保险却又发生了问题的准客户，我们更多的是自责，可能由于我们的工作没有做到位，导致他们没有认可保险，所以只能自己承担风险造成的恶果。

　　每当发生重大的伤亡事故，保险代理人的第一反应就是，这些人是否已经购买了足够的保险。我们执着地奉行为人避险、为民造福的行为理念，我们的心灵因此而得到净化。看到客户能够从风险管理、企业责任和家庭责任的角度来考虑自己的保险需求，我们由衷地感到欣慰，他们能够以正确的心态去看待保险，也就有了"主观为自己，客观为他人"的意识，不再有患得患失的遗憾。这样的意识一旦在全社会形成，社会风气必然会随之提升。

　　我们愿意用自己的汗水换客户一个安宁，这样的职业荣誉感激励我们一往无前。

每天清晨对这些文章大声朗读，是保险公司晨会经常干的事情。保险人还经常干一件事，就是刷正能量的朋友圈：

　　每天不是元气满满，就是岁月静好，时不时发些心灵鸡汤，配上红酒西餐；或者今天去培训，明天去品茶，偶尔还和××总来一场亲切交谈，受益匪浅。

　　一边是满满的正能量，一边是广大社会对保险的鄙视。自娱自乐的表情和充满鄙视的眼神，很不搭配地混合在一起，构成了整个保险行业生态的一片奇异的世界。小易天生对反差很大的事物具有浓厚的兴趣，为了进一步了解其他人对保险的看法，以证明自己的想法也是其他人的想法，小易拨通了当年另一个同事张燕的电话。

　　当张燕得知小易是来打听她对从事保险的看法和感受的时候，她非常乐意，一下子就打开话匣子，敞开胸怀，毫无保留地倾诉她过去的一切。她说，三年前她从上海的保险公司离开后，去了浙江金华，后来就回河南老家了。在金华也做过一段时间保险，回老家也做过一段时间保险，现在已不做保险了。每次做保险的时候都信心满满，每天活得很充实，不管是个人发展客户还是带团队，都很开心。只是卖保险赚不到钱。所以她现在不做保险了。

　　她几次三番地说，她热爱做保险，热爱保险公司的氛围，跟不同的人打交道，生活充满自由、阳光和快乐。这三年来，她做了很多工作，做着做着又回到卖保险。在她的心目中，卖保险一直是一个很好的、崇高的事业，即便很多人对这个职业非常鄙视，背地里嘲笑她，也没有动摇过她对这个崇高事业的信仰。但她又几次三番地感慨，卖保险赚不到钱，她待不下去了。

　　能够让不同年龄、不同阶层、不同性别、不同地域的人聚在一起，除了笃信"保险业是奉献爱心的伟大事业"，自然还有保险能给保险人带来实实在在的经济利益的两个现实考量。

第一个现实考量：卖保险不需要任何成本。只要你有一张嘴和一双腿，能说勤跑，一本万利。

第二个现实考量：卖保险有直接收入和间接收入。直接收入是你拉到客户签下单子的佣金，间接收入是你发展渠道的佣金，渠道再发展渠道的佣金，以及渠道再发展渠道的渠道的佣金。

间接收入也叫"睡后收入"。睡后收入是网络的一个流行语，也是保险公司的口头语。什么是睡后收入，诙谐一点，可以这么解释：躺吃躺喝，睡觉做梦，醒来发现，钱还多了。正式一点的解释是：不用干活也能得到的收入。

细细一想，这是一幅多么诱人的画面呀：

> 零成本，只要你的一张嘴、一双腿，你就可以加盟一个充满阳光、正能量的团队，每天都有生动的学习课堂，活到老，学到老，自由奔放，快乐幸福，做一件奉献爱心的伟大事业。白天跑客户有签单收入，晚上睡觉有睡后收入。人生最好的事业无不如此。

于是，在正常情况下，保险公司要招到人并不难。在非正常情况下，要招到人就更容易了。于是，当经济不景气的时候，当公司裁员的时候，当个人没办法找到工作的时候，保险公司往往都会张开双臂，把社会上落魄的人拥入怀中。很多人入职后才发现，尽管在朋友圈分享元气满满的文章，刚开始的几个月也基本上跑了客户，但还是做不出业绩。于是只能让自己给自己买，让父母给自己买，让亲戚朋友给自己买。

小易经过打听，几乎身边的同事，每个人都曾向亲戚朋友"下手"。有的同事把自己的亲戚朋友开发完后，还是开发不了新客户，待不了几天就走了。有的人尽管开发不了新客户，但开发渠道和发展下线的能力特别强。只要不断地拉人头，不断地发展下线，就可以逐步建立起自己的渠道金字塔。站在金字塔的顶端，下面的每一个层级，每一个层级的每一个人，只要有收入，就都跟自己有关。然而，真正只靠建立金字塔而从事保险的人少之又少，跟开发客户一样，开发渠道也是从开发身边的亲戚朋友开始，很多人都坚持不到半年。

既能开发客户，又能开发渠道，两手抓都很硬的人，更是少之又少。这种人会成为保险界的精英，成为光辉耀眼的明星，每年几十万、几百万甚至几千万元的收入，享受着初入保险业者的崇拜和羡慕的目光。

绝大多数卖保险的人，从业时间一般都超过不了一年。残酷的现实摆在面前，长期以来习惯于花言巧语、八面玲珑的保险人，何去何从呢？

保险呈现给人们一个光怪陆离、奇特怪异的事实和真相。大街上经常可以听见有人前10分钟还在骂保险推销员"搞传销的，骗子"的声音，后10分钟也可以看见刚才骂人的人转身就跟另一个保险推销员签下了人身保险合同。

社会上应该没有拒绝保险的，而拒绝的是保险人不合理和不正常的营销方式。

传统的保险业，过去的种种因各种说得出来和说不出来的原因，烟雾缭绕、层峦叠嶂，剪不断，理还乱。

三、横空出世的"新物种"

小易深深地觉察到，传统的卖保险方式已被时代无情地抛弃了，适应新时代的新物种，必然在酝酿和成长中。小易本能地感知，一定会有适应新时代的新型力量出现，但由于离开保险行业已多年，此刻却无从说起，眼前一片茫然。

小易深信，对于保险行业来说，此刻是危，此刻也是机。迷茫中，小易拨通了一位她所敬仰的保险前辈童总的电话。童总告诉她说："现在，已经有一种全新的保险代理人模式出现了，叫独立保险代理人。"

独立保险代理人是在个人保险代理人的基础上产生的。童总告诉小易，个人保险代理人与独立保险代理人的区别在于：

第一，入门要过两道关。

要想成为独立保险代理人，首先要过第一道关：政府关。

（1）独立保险代理人应具备大专以上学历，通过保险基本理论和保险产品知识的专门培训及测试。从事保险工作5年以上者可放宽至高中学历。

（2）独立保险代理人应诚实守信，品行良好，未曾因贪污、受贿、侵占财产、挪用财产或者破坏社会主义市场秩序被判处刑罚，未曾因严重失信行为被国家有关单位确定为失信联合惩戒对象，最近三年内未曾被金融监管机构行政处罚。

过了政府这道关之后，接下来要过第二道关：公司关。

（1）保险公司应确保独立保险代理人具备监管规定的条件，建立严格的甄选标准和清晰有序的甄选流程，形成涵盖道德品行、社会信用、学历水平、专业知识、工作经历、业务能力等多方面的综合评价体系，设置包括基本信息审核、从业经历与诚信状况调查、职业性格测试、面试、岗前专业知识培训与合规教育、入职综合测评等多环节的工作流程。

（2）保险公司应建立上下联动的筛选机制，采取多层面试、多轮面试、下级预选上级决定等多种行之有效的方式，既充分发挥基层机构贴近熟悉市场的优势，又体现上级公司统一标准、严格把关的要求。

（3）保险公司应搭建由人力、业务、法务等多部门人员组成的综合性面试队伍，挑选既有专业知识能力、又有阅历资历的人员担任面试考官。

（4）保险公司应严格合同签订管理，与独立保险代理人签订委托代理协议的应为地市分支公司以上层级。

公司关，关键在保险公司内部本身。对于保险公司来说，独立保险代理人制度既是机遇，又是挑战。机遇是有一个机会站在它的面前，就看它是否能好好珍惜，珍惜难得的自我改革机会，建立适应市场和本公司文化的人才筛选机制，构建公司培训、利益分配机制等，这些都决定着公司的未来。

独立保险代理人毕竟是新生事物，还没有确切的定义，虽然人们心目中都有一个呼之欲出的形象，但真正实践起来，也都会经历一段摸着石头过河的历程。挑战很大，路很漫长。

这两道关过完，基本上只剩下行业的佼佼者了。900万保险代理人中，能经过这两道关筛剩下的，能有100万人已算相当不错了。

第二，扁平化取代金字塔。

筛剩的100万人，几乎都是行业精英。一般来说，各行各业的精英人士都有以下几个特点：

热爱自由，向往不受拘束的生活和工作，不喜欢层级森严的官僚主义或其他限制性的条条框框。

有很强的进取心，愿意从已知挑战未知，并把对未知的挑战成功看成人生信仰。

知识丰富，不断地学习知识和沉淀知识。活到老，学到老，是行业精英不变的目标和动力。

这些人，你要对他们像原来一样进行金字塔模式的管理就很难很难了。有别于金字塔结构的扁平化管理，便是解药。

在新型的独立保险代理人制度下，每一个卓越的独立保险人都是独立的市场主体，以个体工商户、个人独资企业等形式存在，独立自主，不受上一级的管控。

独立保险人自负盈亏，实行独立的财务核算，自行雇佣助理，自主选门店地址，针对社区实行一对一的保险服务。独立保险人以自己为核心，以自己为业务单元，雇佣的助理也只能协助做辅助性工作，而保险合同的解释、出单、售后服务、业务选择等还得依靠自己。

这也意味着独立保险人的个人素质要求极高，不仅需要精通保险知识，还需要有专业的财务基础、极强的服务意识，这也符合保险业的本质：保障未来的风险。

第三，没有中间商赚差价。

"卖家多卖钱，买家少花钱，没有中间商赚差价！" 2017年上半年，上海人民经常在电视、各种App以及楼宇电梯移动广告上听到这句广告词。画面中，著名影星孙红雷以他招牌式的魔性笑容在为瓜子二手车作地毯式推广。

瓜子二手车火了，"没有中间商赚差价"也火了，成为老百姓耳熟能详的流行语。

"没有中间商赚差价"，用到独立保险代理人这里，似乎也很贴切。独立保险代理人模式的优势，在于削减了传统金字塔式的层级制度，同时也改变了其利益分配机制。

保险在销售时仅仅是一张保单，金钱的付出在当时等于没有即刻的回报，保险的回报并不是金钱在当时的对价，而是对未来某种损失或者风险的补偿。保险的实现依托于事故发生后的及时、足额、快速理赔，而非简单的金钱的运作和计算。即保险业后续的服务尤为重要，专属化的后续服务只能依靠独立保险人来实现。

人寿保险貌似具有较强的金钱属性，即投入确定的金钱，可能在生前或死后得到相应回报，保险业目前也有投资连结型的险种，强化了保险的理财属性。但寿险的本质是人身属性，和特定的人相关。而传统的金融业往往是运作金钱，比如基金、银行、股票、信托，往往依靠金钱的流动盈利，人身属性很弱，收取的也是服务费和运作金钱的回报、分成。

从保险公司的运营考虑，传统的个人保险代理人制度将大部分支出花在了人员、营销上，房租其次，售后基本没有保障。如果是长期险种，尤其是10年期、20年期的险种，其实应该配套更好的售后服务，售后的支出也会相应增大，但现实的保险公司很难保障这笔成本。寿险也是近些年兴起的模式，还没有到兑付的时间，其实几十年后，同年龄段的人相继去世，必然会存在兑付问题。从而，现阶段改革营销制度、压缩销售成本是必然的选择。

而独立保险代理人制度的推广，在去除中间商、增加售后服务方面是必然的选择，极大地体现了保险业的服务真谛。

原来如此，跟童总电话交流了足足3个小时之后，小易马上打开电脑，向"度娘"提问。在百度上输入"独立保险代理人"，一共出来2 630 000条信息。

百度上搜的信息杂乱无章，小易又借助知网进行查询。她发现，独立保险代理人竟然在学界已讨论了多年，相关的比较研究在社会上已形成气候，但直到2015年前后才形成社会共识，由社会共识转化为国家层面的政策。由此可见，新生事物前进的道路并不平坦，好在它总在一步一步地向前。

独立保险代理人与传统卖保险相比，也很简单，简单到谁对它都没有确切的定义，但谁的心目中都有一个呼之欲出的形象和画面。

保险业的形势在变化，时代的脉搏在跳动。独立保险代理人这一新生事物散发着时代的光与影，充满着美丽的诱惑，叫人们不应该停留在读书和知识研究这一起点上。

童总介绍说，自2020年12月23日银保监会发布《关于发展独立个人保险代理人有关事项的通知》以来，独立保险代理人制度终于开始在国内施行。这个施行，有没有国外的案例可供参考？

答案是有的。

四、能借鉴美国保险的成熟模式么?

律师出身的小易，在对某项东西产生兴趣并打算花时间和精力去深入了解的时候，为了消除对这项东西的怀疑和阻力，就会寻找有没有现成的参照物，以世界上其他国家的事例为自己的判断作参照。

小易虽然只是个律师，但大量而广博的阅读，让她的知识面并不只限于法律专业，更涉及构建我们这个繁荣的商业社会的其他方面。小易所崇拜的真正厉害的前辈律师，功夫都不局限在法律专业之内，而遍布专业之外。

小易一有时间，就会去翻看著名作家吴晓波先生的《激荡三十年：中国企业1978—2008》这本书。从中了解到，在改革开放近四十年的中国商业史上，亚马逊引进国内，变出了淘宝；推特引进国内，变出了微博；谷歌引进国内，变出了百度，等等，令人眼花缭乱，兴奋而骄傲。有着200年历史的、发达的美国保险市场，其成功且成熟的独立保险代理人模式，是否也可以借鉴呢？小易敏锐地意识到这一点，兴奋得跳起来。

如获至宝的欢快，让小易恨不得把能找到的有关美国独立保险代理人的资料都找来，马上做比较研究。

第一，什么是美国保险的主流？

有一组数据："目前，美国34万代理人中，专属代理人有15万人，占有41%的市场份额；独立代理人有19万人，占有49%的市场份额。"

在现在的美国社会，基本上人人都有保险，都需要保险。美国的法律实行双轨制，各个州的法律不完全相同，但基于法律而设立的保险公司大同小异，总体并没有太大的差异。

美国早期的保险制度和我国现有的保险经纪公司类似，经纪人以客户为导向，侧重于帮助客户选择合适的保险产品，维护客户的利益。从这一点来看，和独立保险代理人有相同之处。

不同的是，我国的独立保险代理人制度更为优越，即对客户承担终身责任、无限责任。独立保险代理人为客户挑选的每一个产品，提供的每一次服务，都需要满足客户的需求，从客户的立场思考问题。

我国的独立保险代理人是符合时代潮流的创新之举，强化了代理人的个人责任，让代理人对自己负责，对客户负责，对社会负责。

第二，不是谁都能成为独立保险代理人。

网上有一篇文章叫《从美国独立代理人发展，看900万中国代理人分级走势》，其中涉及保险代理人上岗资格时写道，美国保险代理人需"四槛通关"才能上岗：

第一，保险代理人必须通过资格考试，否则不能入行。

不同险种代理人的考试内容不相同，产险考的内容与寿险不同，寿险考的内容与销售投连险等产品又不一样。

因此，代理人要想拿到证必须下功夫。五六年前我考取了美国保险代理人资格证，考前准备了一两个月，70分通过，考了几个小时，并不是很容易。

第二，每两年必须完成24个学时的继续教育学习。

即使保险代理人拿到了证，但两年期间美国出台了很多监管政策需要代理人去学习并通过考试、修完学分，否则两年后就没有资格持证。

24个学时中，其中有12个学时必须学习法律合规，这是强制性规定。这项制度倒逼代理人不断地去学习，关注市场、了解政策变化，尤其是产品政策，要做到客户利益至上。

第三，代理人必须要有责任险。

每位代理人都必须购买最低保额上百万美元的责任保险，没有责任保险不能上岗，保险公司也不会与没有责任保险的代理人签约。

中国银保监会最新出台的代理人监管新规中，第61条提出的"保险专业代理公司投保职业责任保险"就相当于美国的这个规定，但中国是由保险专业代理公司来投保，而美国则是需要保险代理人自己购买。

第四，保险代理人上岗前必须通过 AML 反洗钱考试。

保险作为一个金融手段，不排除有些人会通过保单来洗钱。美国要求每名保险代理人与保险公司或中介公司签约前都必须要通过 AML 反洗钱考试。

"我的乖乖，这堪比律师资格证考试！"小易读着这篇文章，不由得感叹起来。小易是正宗的法律专业毕业，从2018年6月毕业，到2020年9月拿到律师资格证，中间的艰辛、不易以及为之付出的努力，个中滋味，只有自己知道。

但正是如此严格的考核制度和高标准的职业要求，有力地促进了保险行业的革新，提高了保险人员的素质，保障了被保险人的利益。

100万人的独立保险代理人行业预期，是目前约50万人的律师行业的两倍，从我国十几亿人口中遴选出的这些人，无疑个个都是行业中的精英。

五、她已迈开脚步，走上中国独立保险代理人之路

独立保险代理人跟所有新生事物一样，都可以从其他事物中找到参照物。阿米巴似乎也是独立保险代理人的参照物。

"人人都是经营者"，稻盛和夫一边不厌其烦地喊出这么个口号，

一边身体力行地去实践它。

阿米巴模式的创立初心、经营哲学、会计体系、定价方式等，从理论到实践，和盘托出，他个人的成功逐渐吸引了一大批日本国内的追随者，也吸引了一大批中国的追随者。无数以阿米巴模式为噱头的企业管理咨询机构在短短20年间，如雨后春笋般出现在大江南北、黄河上下。

美好的东西，不一定就能开出美丽的花、结出理想的果。无数从培训机构那里学习阿米巴，回家后立刻将阿米巴模式付诸实践的企业老板，没有几个能得到想要的结果。

独立保险代理人从某些意义上说，也类似阿米巴，也属于"人人都是经营者"一类，那么是不是也会像阿米巴一样，高调过一阵子之后，就泯然于众人了呢？

当然不是了，独立保险代理人是一份具有尊严的职业和一个独立的制度，是从我国国情出发作出的必然选择。反观阿米巴模式，虽然在某个特定的情况和特定的时间段取得了成功，但目前并不是我国企业内部管理的主流形式。

独立保险代理人，自己便是一个独立核算的市场主体，自负盈亏，自己为自己干活。相较于阿米巴模式，独立保险代理人具有更强的积极性和自主性，其并不归属于某一个公司，也不需要遵守公司的内部规章制度，而只需要依靠自己的专业服务能力独立为客户提供服务，独立对客户负责，平等地和保险公司相处。

英国《经济学人》杂志曾对全球5 000名政治家的背景进行调查，结果发现：在世界范围内，近1/5的政治家是律师，均有着法学背景。

在我国，据教育部发展规划司统计，每年有法学相关专业的大学本科生14万人，硕士生、博士生大约5万人。据不完全统计，从改革开放到现在，四十多年的时间，学法学或与法学相关专业的大学生人数已超过1 000万人。

然而，惊人的反差是，到2019年底，全国执业律师总数也才47.3万人。也就是说，20个学法学的大学生中，能够最终成为人人艳羡的律师也只有1人。

这么高的淘汰率，一方面说明竞争的激烈，另一方面说明能够成为二十分之一的人已是行业精英、人中翘楚了。

相比之下，光在保监局登记过个人保险代理人的人数就超过900万人，如再加上从事过保险的人数，那就不止翻上三倍、四倍的数量了。假如按照律师行业二十分之一的淘汰率来算，将来中国的独立保险代理人人数大约有50万人。

50万独立保险代理人，是不是合理？应该是合理的。答案可以从美国那边对比得出。美国独立保险代理人总人数只有19万人，却十分惊人地占据着全美保险销售市场的将近一半的份额。我国的人口是美国的4倍，参照美国发达保险市场的比例，50万独立保险代理人应是在合理的规模区间内。

　　律师是一个令人艳羡的职业，相比之下，独立保险代理人是否也可以像律师一样，让人艳羡呢？从保险视野之外的法律行业找到类比性的东西，小易突然有"蓦然回首，那人却在，灯火阑珊处"的无比快乐。就像多年没有找到的东西，一下子找到了，那种快乐无与伦比。

　　独立保险代理人的最终走向，一定如律师一样，是一个专业和技能的存在。每年学会计的人很多，但能够拿到会计师资格证和成为会计师的人却很少；每年学法律的人很多，但能够拿到律师资格证和成为律师的却很少。小易在《经济观察报》上惊喜地看到，在保险独立代理人制度试水中，第一位进行工商注册的独立代理人庞月晗竟然是律师同行，目前仍是广东某律所的合伙人。也就是说，独立保险代理人与其说是她的一份兼职，不如说是她的第二份工作。

　　经过一段时间对保险行业的重新认识、学习和观察，尤其是对独立保险代理人的全新了解之后，小易不自觉地发现，她的注意力全部聚焦在这个她曾经从事过的保险行业。就这么全神地注视着这个行业开始由个人保险代理人向独立保险代理人转变的历史进程，她心里痒痒，想着自己是不是也有机会参与其中，成为历史的参与者和见证者呢？

　　小易清楚地知道，虽然很多人鄙视卖保险的人，并把卖保险视为传销一类让人看不起的东西，但她却从中看到和发现了保险其实也是自己所需要的东西。小易的老妈尽管反对小易卖保险，但当小易为老妈个人买好人身保险后，她还是开心得手舞足蹈，觉得这个闺女长大了。

做一个执业律师最大的特点就是理性，小易本来就是一个特别理性的人，这份工作让她愈加理性。但是，事业、感情乃至家庭，都需要一些感性上的平衡。小易很明白自己身上的缺点，于是，她在空余时间，尽量多读小说、历史等感性作品，多听音乐，以求协调理性和感性。

如果能理性地看待卖保险，真实看待卖保险给自己带来的个人财富、声誉，正确看待卖保险给公众带来的社会价值、意义，就能笃定卖保险这件事是真正值得小易为之付出的，并且从感情上去接纳它。

作为执业律师，已经够忙碌了，但又打算选择独立保险代理人作为自己的第二职业，小易觉得在最宝贵的年龄阶段，忙碌与其说是一种生活状态，还不如说是一种事业历练。

尽管选择独立保险代理人作为自己的第二职业，小易还是清晰而坚定地把自己定义成一个律师。律师才是她安身立命的本行，她必须专注于本行才能有所成就。但是，任何行业又是跟其他行业互相连接的，不跨出本行业就难以有新的突破。小易兴奋地遐想，她将来会不会既是成功的律师，又是成功的独立保险代理人呢？即便两者都没达成，保底还可成为一名专注于保险领域的专业律师的。

在改革开放40年的商业史上，行业变革的力量很多都不是来自行业内部，而是外部。外部其他行业的精英阴差阳错或有意识地加盟进来，以促进行业完成自身的变革。一想起这一点，小易不自觉地产生出一种志在必得的自豪感。

在重大决定面前，小易都会打电话给在重庆老家的父母。当小易告诉老爸她想当独立保险代理人时，着实吓了老爸一大跳。小易说："这只是第二职业，当律师的人有第二职业很正常。"老爸缓过神来，说："我同意你把卖保险当作第二职业，但你妈会同意吗？"小易想了想说："老爸，你先别告诉老妈，过两天我再给她解释。"老爸说："不必了，我帮你解释就行。"

对于保险行业来说，这是一个过渡的时代。小易的潜意识会引导她成为什么样的人？由个人保险代理人向独立保险代理人过渡，她希望自己参与并见证这段过渡的历史。

图书在版编目（CIP）数据

巨大的蓝海：中国独立保险代理人 / 童树德, 郑凯
艺著. 一上海：东方出版中心, 2022.10
ISBN 978-7-5473-2081-5

Ⅰ. ①巨… Ⅱ. ①童… ②郑… Ⅲ. ①保险代理
Ⅳ. ①F840.45

中国版本图书馆CIP数据核字(2022)第189226号

巨大的蓝海：中国独立保险代理人

著　　者　童树德　郑凯艺
责任编辑　肖春茂
封面设计　钟　颖

出版发行　东方出版中心有限公司
地　　址　上海市仙霞路345号
邮政编码　200336
电　　话　021-62417400
印 刷 者　上海盛通时代印刷有限公司

开　　本　890mm×1240mm　1/32
印　　张　8.875
字　　数　142千字
版　　次　2023年1月第1版
印　　次　2023年1月第1次印刷
定　　价　68.00元